编 委 会

永恒的力量

长征精神

YONGHENG DE LILIANG CHANGZHENG JINGSHEN

中共江西省委宣传部
中共江西省委党史研究室 著

江西教育出版社
JIANGXI EDUCATION PUBLISHING HOUSE
·南昌·

图书在版编目(CIP)数据

长征精神 / 中共江西省委宣传部，中共江西省委党史研究室著. -- 南昌：江西教育出版社，2021.6
（永恒的力量）
ISBN 978-7-5705-2387-0

Ⅰ. ①长… Ⅱ. ①中… ②中… Ⅲ. ①革命传统教育－中国－学习参考资料 Ⅳ. ① D642

中国版本图书馆 CIP 数据核字 (2021) 第 050634 号

长征精神
CHANGZHENG JINGSHEN
中共江西省委宣传部
中共江西省委党史研究室 著

江西教育出版社出版
（南昌市抚河北路 291 号　邮编：330008）
各地新华书店经销
南昌市印刷十二厂有限公司印刷
720 毫米 × 1000 毫米　16 开本　16.75 印张　字数 175 千字
2021 年 6 月第 1 版　2021 年 6 月第 1 次印刷
ISBN 978-7-5705-2387-0
定价：49.00 元

赣教版图书如有印装质量问题，请向我社调换 电话：0791-86710427
投稿邮箱：JXJYCBS@163.com　电话：0791-86705643
网址：http://www.jxeph.com

赣版权登字 -02-2021-189

前　言

土地革命战争时期（1927—1937 年），中国共产党面对生死存亡的艰难环境，开展武装斗争、土地革命和人民政权建设，独立领导中国革命。江西成为这一时期掀起土地革命高潮的革命大本营。以毛泽东为主要代表的中国共产党人关于中国革命、中国共产党、中国国家发展方向和国家前途命运等重大问题的思考与实践，蕴含着深厚的历史本质和丰富的实际内容。井冈山精神、苏区精神和长征精神，正是这些思考、实践及其厚重本质和丰富内容的升华与结晶。

井冈山精神、苏区精神、长征精神，它们所附着的时空场景各有不同，面对的历史条件各有不同，反映或折射的历史主题各有不同，因而也就有着不同的侧重与特点。井冈山斗争处在苏维埃革命（土地革命）的前期，中国共产党所要解决的核心问题是如何在危难中确定党和中国革命的发展方向，寻找和开辟中国革命的崭新道路；从“朱毛红军”下井冈山创建中央苏区到中央红军北上长征，是中国土地革命最活跃、最兴盛的时期，党所要解决的核心问题是在坚持农村革命新路的基础上，如何创建人民政权、进行武装斗争和土地革命，怎样在苏维埃区域进行局部执政和治国安民；从中央红军北上长征到红军三个方面军胜利会师陕北，是土地革命的后期，党所要解决的核心问题是在极端艰难困苦的条件下，保存有生力量、实现革命中心转移和向民族解放战争的时局转换。这三大核心问题的解决，孕育了中国共产党取得中国革命胜利、建立新中国并长期执政的根基与理念、路径与方式，凝铸成中国共产党和中国人民永恒的信念与力量。

信念坚定和牺牲奉献是三大精神的共有特质。无论是在井冈山斗争、苏区局部执政还是在长征途中，中国共产党人所显现的最大优势，是其信念坚定和牺牲奉献的政治品格。信念就是灵魂，信念坚定就是灵魂永驻。对马克思主义和社会主义前景的坚定信念，面临艰险处变不惊、坚信星火燎原的革命豪情，把握内外时势和事物规律的卓越战略思维与认知能力，情系人民、依靠群众在斗争中开创新局面的不变情怀，在以毛泽东为主要代表的中国共产党人身上达到惊人的统一，成为一种披荆斩棘的政治能力和拥聚大众的精神感召力。中国共产党人不但在理论上深刻地说明革命发生的必然性，论证了在政治经济不平衡规律下革命存在和发展的可能性与现实性，指导人们正确认识世界、把握时局和开展斗争，而且强化着人们对革命事业的必胜信念，进而转化成攻坚克难、开拓奋进的动力源泉和精神特质。牺牲奉献，本质上是由坚定信念所派生的献身精神。井冈山斗争的亲历者何长工回忆：“打仗之前，相互之间只有两句话。一句是：告诉我的老母亲，你儿子在什么时候，什么地方光荣牺牲了；另外一句话是：胜利之后，在烈士纪念册上给我登记一个名字。”在井冈山、苏区和长征中产生的献身精神，纯洁伟大，充满献身革命事业之至诚，毫无个人名利得失之计较，它将对信念的坚持、对重任的践履和对人民的赤诚，融化成个人行为的甘于牺牲、无私奉献，形成崇高革命道义下的群体行为品格，因而具有高尚性、纯洁性和神圣感。有研究中国革命的国外学者指出，共产主义者的决心、牺牲和献身精神，对革命的成功与决定革命的性质是至为重要的，这种献身精神不仅能解释革命为什么会成功，而且能解释革命的性质，如长征不仅保存了红军，而且改变了幸存者的生活。这些人怀念死去的同志，更加坚定了信念。这个评论可称精辟。

实践基础和务实态度是三大精神的共同基石。在农村地区领导土地革命、开辟农村革命新路和实行局部执政，是中国共产党人向怎样才能达成革命目标、什么是中国革命最为合适的道路、如何才能治党治军、治国安民这样的重大未知领域进行的探索。这种探索，没有可资借鉴的现成经验，面临变动不居的时势环境，因而充满了未知数和不确定性，一着不慎即可招来重大损失甚至灭顶之灾。在这一过程中，实践基础和务实态度的特殊重要性被强烈地显现出来。强调马克思主义的“本本”必须同中国的实际情况相结合，正确地认识处理无产阶级领导与农村革命的关系，武装斗争、土地革命与红色政权建设之间的关系，保存有生力量、实现革命中心转移与战胜严酷恶劣的自然环境的关系，等等；坚持社会调查的方法论原则，将社会调查作为认识中国农村社会和决定革命方略的先行环节，断言没有调查没有发言权，只有通过调查才能得到正确的社会认识、阶级估量和斗争策略；重视实际斗争的经验和实践的检验，强调正确的战略策略只能产生于实践过程和实际经验之中，脱离实际只会造成革命损失，在攻打中心城市失利时果断转向农村，走上中国革命的农村道路，等等。所有这些，都彰显出以毛泽东为主要代表的中国共产党人尊重实践、求真务实的思想品格和科学精神。它们是三种精神的方法论基础和共有特性，共同揭示着中国共产党人在中国革命这个未知领域，如何从知之甚少到积累丰富，成功开创中国革命新路、动员组织革命大军、实现既定革命目标的深层奥秘。

习近平总书记多次充分肯定井冈山精神、苏区精神和长征精神的重大价值，屡屡要求广大党员、干部继承和发扬好这些精神。党的领袖之所以反复强调学习和弘扬革命精神，由革命精神所拥有的进步基因和巨大价值所决定。

井冈山精神、苏区精神和长征精神的核心价值，分别支撑了适合中国国情的农村革命道路的开辟、党在苏区的局部执政、革命有生力量的保存与革命大本营的转移。这种独特的进步基因和历史价值，显示出其在新时代民族复兴伟业中的巨大意义。这是因为，在中国革命的创新创造与民族复兴伟业之间，具有渊源关系而无本质差别，它们在历史行程上前后承接，在社会理想和目标追求上高度统一。因此，在井冈山、苏区和长征中凝结并为中国革命成功发挥巨大作用的精神特质，在新时代民族复兴伟业中仍然具有精神支撑和思想导引作用。正是在此意义上，习近平总书记强调，井冈山精神和苏区精神，承载着中国共产党人的初心和使命，铸就了中国共产党的伟大革命精神。这些伟大革命精神跨越时空、永不过时，是砥砺我们不忘初心、牢记使命的不竭精神动力。

学习弘扬井冈山精神、苏区精神和长征精神的主体，无疑是广大党员尤其是各级领导干部。革命精神对于干部队伍提升思想修养和执政能力具有特殊意义，这是由干部队伍所肩负的时代重任及其所拥有的领导权、决策权，以及他们的成长环境和知识构成所决定的。现时干部队伍的成长环境和知识构成，与革命年代有根本区别，铸就理想信念的途径和方式也有很大的不同。不可否认，现时干部队伍具有新知识、新思维、新观念及由此构成的新优势，但他们不像当年前辈经历过艰苦环境的磨炼和生死的考验，缺乏身边战友流血牺牲所带来的心灵震撼和人格感染，更迫切需要增加与人民群众荣辱与共、生死相依的切身体验。一定的成长环境和知识构成，影响或塑造着人们的人生观、价值观、利益观和行为方式，开放的世界格局客观上也带来价值观共有的新问题，如何使具有良好知识水准、思维能力的新时代党员干部队伍同时具有较高的政治素质，如何使其人生观、价值观、利益观和行为方式与党的宗旨、时代重任相契合，与习近平新时代中国特色社会主义思想相统一，是历史和时代向广大党员、干部提出的重大课题和严峻考验。学习历史特别是学习中国共产党的历史，把革命传统和时代风貌结合起来，从井冈山精神、苏区精神和长征精神中体验先辈情怀、领会治国安民精髓、砥砺个人品性，显然是提升干部修养、品质和执政能力的良好途径。正因此，习近平总书记指出，井冈山精神和苏区精神是我们党的宝贵精神财富，要永远铭记、世代传承，教育引导广大党员、干部在思想上正本清源、固根守魂，始终保持共产党人政治本色。我们世世代代都要牢记伟大长征精神、学习伟大长征精神、弘扬伟大长征精神，使之成为我们党、我们国家、我们人民、我们军队、我们民族不断走向未来的强大精神动力。本丛书的撰写与出版，其目的也正在此。

江西是一块洒满热血的红土地，红色基因是江西得天独厚的瑰宝。在恢宏的历史进程中，井冈山精神、苏区精神、长征精神勃发于斯，镌刻下永垂史册的不朽辉煌。在实现中华民族伟大复兴的新长征中，三大精神必将绽放新的时代异彩，跨越时空、永不过时，砥砺江西人民激扬红色基因，创造更大光荣！

目录

第一章 震撼世界彪炳史册的长征

第二章 理想信念的伟大远征

目录

第三章 检验真理的伟大远征

目录

第四章 唤醒民众的伟大远征

目录

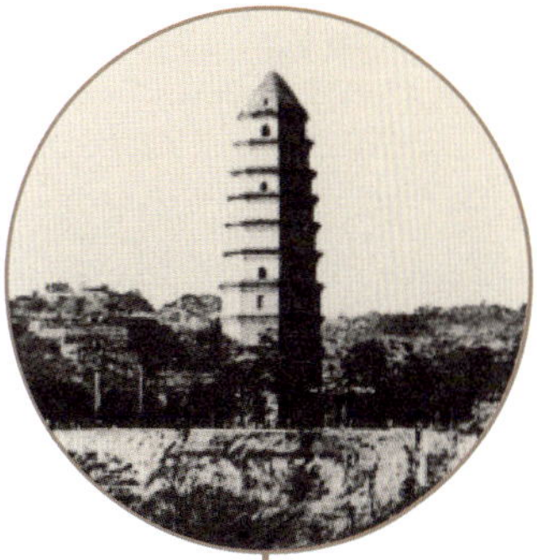

第五章 开创新局的伟大远征

目录

第一章

ZHENHAN SHIJIE BIAOBING
SHICE DE CHANGZHENG

震撼世界彪炳史册的长征

面对生死存亡的严峻考验，从1934年10月至1936年10月，红一方面军、红二方面军、红四方面军和红二十五军进行了伟大的长征。中国共产党领导红军，以非凡的智慧和大无畏的英雄气概，战胜千难万险，付出巨大牺牲，胜利完成震撼世界、彪炳史册的长征，宣告了国民党反动派消灭中国共产党和红军的图谋彻底失败，宣告了中国共产党和红军肩负着民族希望胜利实现了北上抗日的战略转移，实现了中国共产党和中国革命事业从挫折走向胜利的伟大转折，开启了中国共产党为实现民族独立、人民解放而斗争的新的伟大进军。

第一节

中央红军开始长征和遵义会议

1934年10月初，中央苏区核心区域的兴国、宁都、石城一线相继失陷……第五次反“围剿”失败，中国共产党和红军面临生死存亡的考验，中共中央被迫撤出中央苏区进行战略转移。在中央红军主力长征前，红七军团作为北上抗日先遣队就已拉开了长征的序幕。中央红军在湘江战役中损失惨重。1935年1月召开的遵义会议，在事实上确立了毛泽东在党中央和红军的领导地位，开启了党独立自主解决中国革命实际问题的新阶段。

一、第五次反“围剿”失败

第四次反“围剿”时，中共临时中央政治局（以下简称“临时中央”）迁到中央苏区。他们一进苏区，便全面贯彻“左”倾教条主义方针。为了排除障碍，他们在组织上采取宗派主义手段，把一些坚持正确意见、有实践经验的干部看作“机会主义者”，对他们开展“残酷斗争”和“无情打击”。临时中央在福建开展反对“罗明路线”的斗争，接着在江西开展反对邓（小平）、毛（泽覃）、谢（唯俊）、古（柏）的“江西罗明路线”的斗争。这些斗争实际上反对的是毛泽东等人的正确主张。

1933 年下半年，蒋介石调集 100 万军队，发动对苏区的第五次“围剿”。他吸取过去失败的教训，强调实行所谓“三分军事，七分政治”的方针，对苏区实行经济上严密封锁，在军事上采取持久战和“堡垒主义”的新战略。他首先以 50 万兵力，于 9 月下旬开始向中央苏区进攻。这时，中央苏区红军主力已发展到 8 万余人，同国民党军的兵力对比是一比六。尽管形势严峻，但如果红军能够采取符合实际的战略策略，仍有可能打破这次“围剿”。

可是，临时中央却准备以冒险主义的进攻路线来打破这次“围剿”。6 月 30 日，临时中央提出将中央红军主力分离作战的方针，实行“两个拳头打人”。临时中央负责人博古不懂军事，把红军指挥大权交给共产国际派来的德国人李德。李德不了解中国实际情况，只是搬用正规的阵地战经验。他们放弃过去几次反“围剿”行之有效的积极防御方针，实行

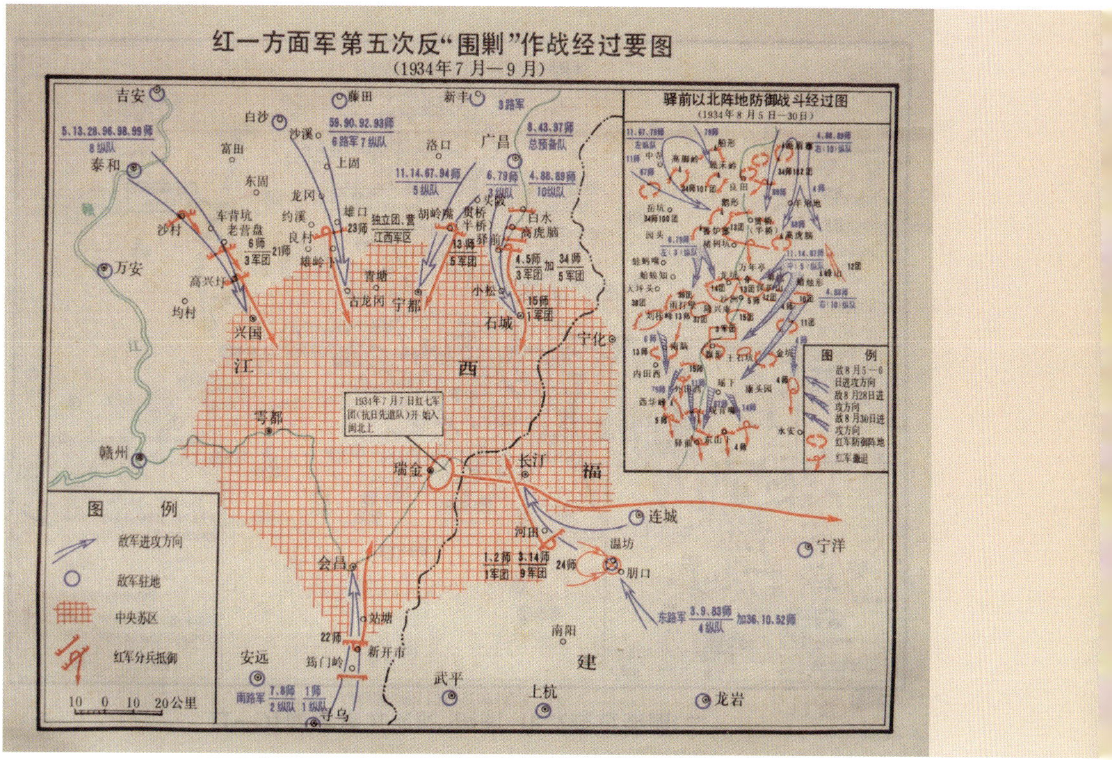

军事冒险主义方针，主张“御敌于国门之外”。

毛泽东这时已被排斥在党和红军的领导核心之外，只负责中央政府的工作。他从第五次反“围剿”的准备阶段起，就不同意“两个拳头打人”和之后的“御敌于国门之外”的错误方针，认为应该主动放弃黎川，“诱敌深入”到建宁、泰宁地区，集中红军主力，在运动中加以歼灭。但博古、李德等人却急于夺回黎川，强令红军反击。结果，红军辗转于敌军的主力和堡垒之间，陷于被动地位。在进攻遭受挫折后，他们又采取消极防御的战略方针和“短促突击”的战术，强令装备很差的红军同装备优良的国民党军打阵地战、堡垒战，同敌人拼消耗。时任李德翻译的伍修权后来回忆道：“在整个第五次反‘围剿’中，都是按李德那一套进行的，什么‘短促突击’、‘两个拳头作战’、‘御敌于国门之外’，建立正规军打阵地战等等，完全是一条不切合实际的错误的军事路线。”①

博古、李德在失利面前，不但没有从战略决策上进行检查，反而归罪于战场上的指挥员，说要找出“罗明路线在军队中的代表”。他们追查萧劲光在黎川失守中的责任，说他是退却逃跑，主张对萧劲光处以极刑。由于毛泽东、王稼祥等坚决反对，萧劲光没有被处极刑，但仍被判处5年监禁，并被开除党籍和军籍。萧劲光被关押后，毛泽东要贺子珍前往探视，并转告毛泽东对萧劲光说的话，大意是黎川失守是“左”倾军事路线的错误造成的，你应该撤退，做得对。

1934年4月下旬，国民党军集中力量进攻广昌。博古、李德命令红军主力坚守广昌。经过18天血战，红军遭受重大伤亡，广昌失守。这对于以后红军的作战，造成了极为不利的影响。对于广昌保卫战的失败和部队遭受的重大伤亡，红军广大指战员极为不满。彭德怀在战役结束不久，当面批评了李德：“这次广昌战斗你们看到了吧！这种主观主义，是图上作业的战术家。中央苏区从一九二七年开创到现在快八年了，一、

① 伍修权：《回忆与怀念》，中共中央党校出版社，1991，第109页。

◆ 红色群雕：《广昌路上》

三军团活动到现在，也是六年了，可见创建根据地之不易。‘崽卖爷田心不痛’，被送掉！”[①] 在后方的毛泽东也对广昌保卫战提出尖锐的批评，他说，广昌战役对红军来说，是个灾难，毫无战绩。曾支持“左”倾冒险主义的一些人，也开始对李德的指挥不满。

尽管许多中央领导和红军指战员对错误的军事领导极为不满，但博古、李德仍命令中央红军进行建宁保卫战，同敌人拼消耗。结果，中央红军遭受较大伤亡，被迫放弃建宁城，向宁化地区转移。此时，中央红军面临的形势日趋恶化。国民党军占领广昌、建宁后，加紧筑垒、修路，

① 彭德怀：《彭德怀自传》，解放军文艺出版社，2002，第 198 页。

并准备集中31个师的兵力，从6个方向于7月初向中央苏区中心地带发动全面进攻。

此时，中央苏区历经10个月的残酷战争，生产生活遭到严重破坏，陷于十分困难的境地。可是，博古、李德仍然坚持错误军事路线，实行“六路分兵”“全线防御”，结果使红军陷入更加被动的境地。9月上旬，各路国民党军加紧向中央苏区中心地区发动进攻，苏区进一步缩小，苏区的人力、物力已经匮乏，红军在苏区内粉碎敌人的进攻已经根本没有可能。在这种情况下，博古、李德等人被迫放弃在苏区内抵制敌人的计划，决定实行战略转移。

9月26日，各路国民党军开始向中央苏区中心地区发动全面攻击。10月6日，石城在红三军团于前一天退出后陷落。从10月7日起，红军各军团陆续撤出兴国、石城、长汀等处阵地，向兴国南部、于都、会昌等地集结，准备突围转移。至此，持续一年之久的第五次反“围剿”最终失败。

“左”倾教条主义给中国革命造成的危害极其严重，它导致除陕甘以外各主要苏区的丢失和党在国民党统治区组织的严重破坏，这个教训是惨痛的。

二、中央红军开始长征和湘江战役

1934年10月7日，中共中央和中革军委命令红二十四师和地方武装接替中央红军主力的防御。中央红军主力在瑞金、于都地区集中，准备执行新的任务。10月9日，红军总政治部要求“加强部队的政治军事训练，发扬部队的攻击精神，准备突破敌人的封锁线，进行长途行军与战斗”①。战略转移的最初计划是，突破国民党军的围攻，到湘鄂西同红二、红六军团会合，创建新的苏区。

由于各路国民党军之间存在着复杂的矛盾，对防堵追击红军的态度并不一样。因此，在中央红军转移前夕，中革军委主席朱德于9月底致信广东军阀陈济棠，表示愿就停止内战、恢复贸易、代购军火和建立抗日反蒋统一战线与之举行秘密谈判。10月5日，中共中央、中革军委派潘汉年（化名潘健行）、何长工为代表，同陈济棠的代表在江西寻乌罗塘进行会谈（即“罗塘谈判”），达成就地停战、互通情报、解除封锁、相互通商和必要时相互借道等五项协议，为以后中央红军开始长征时顺利突破国民党军第一、第二道封锁线开辟了道路。

为了便于随军行动，中共中央、中央政府、中革军委机关和直属部队编为两个纵队。第一野战纵队由红军总部和干部团组成，叶剑英任司令员兼政治委员，钟伟剑任参谋长，王首道任政治部主任，下辖4个梯队。第二野战纵队由中共中央、中央政府机关、后勤部队、卫生部门、

① 《总政治部关于准备长途行军与战斗的政治指令》（1934年10月9日），载中国工农红军长征史料丛书编审委员会编《中国工农红军长征史料丛书·文献（1）》，解放军出版社，2016，第68页。

总工会、青年团等组成，李维汉任司令员兼政治委员，邓发任副司令员兼副政治委员，张宗逊任参谋长，邵式平任政治部主任。毛泽东、张闻天、王稼祥等随第二野战纵队行动。

10月10日晚，中共中央率领中央红军主力和中央机关人员共8.6万余人，从瑞金等地出发，开始战略转移。10月15日，毛泽东在中共赣南省委召集的省、县、区三级主要干部会议上，对留在中央苏区的地方干部说："你们不要怕，不要认为红军主力部队走了，革命就失败了。不能只看到暂时的困难，要看到革命是有希望的，红军一定会回来的！"①

10月16日，中央红军各部队在于都河以北地区集结完毕。10月17日，按照中革军委颁布的《野战军渡河计划》，分别从10个渡口南渡于都河。

按照原定计划，中央红军准备转移到湖南西北部同红二、红六军团会合。中央红军基本上沿着红六军团走过的行军路线，即沿赣、粤、湘、桂边境的五岭山脉一直向西行动。国民党当局察觉后，在赣南、湘粤边、湘东南、湘桂边构筑四道封锁线，安排重兵进行堵截和尾追。

到10月25日，中央红军经过战斗，全部通过了国民党军设置的第一道封锁线。毛泽东感慨地说：从现在起，我们就走出中央苏区啦！在信丰古陂杨坊宿营时，贺子珍前来看望毛泽东，讲起瑞金男女老少相送

① 中共中央文献研究室编《毛泽东年谱（1893—1949）》（修订本）上卷，中央文献出版社，2013，第435页。

◆ 长征渡口

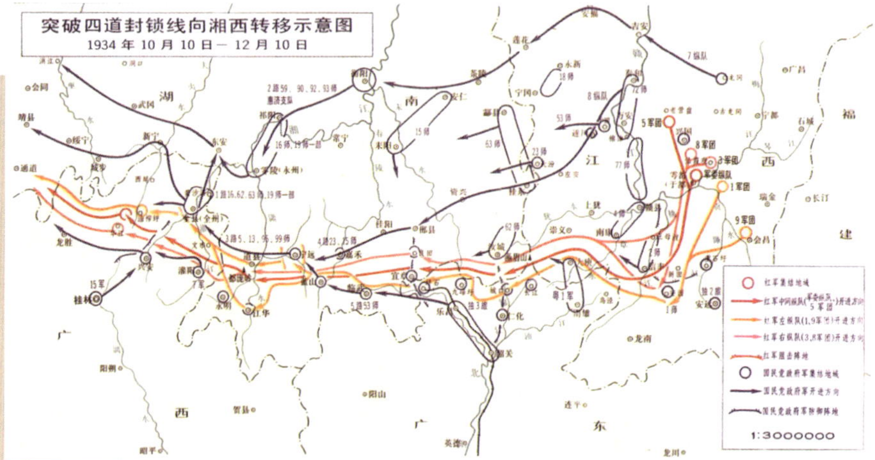

时紧紧拉着红军的手，不停地说：“你们千万要回来啊！”毛泽东听了说：我们欠根据地人民的实在太多了。

11 月上旬，中央红军顺利通过国民党军设置的第二道封锁线。11 月中旬，中央红军突破国民党军设置的第三道封锁线，进入潇水、湘水地区。蒋介石判明红军西进的意图后，立刻部署“追剿”和堵截，企图将红军“歼灭于湘江、漓水以东地区”。面对敌人重兵逼近，博古、李德一筹莫展，只是命令部队硬攻硬打。11 月 25 日，中革军委决定红军从广西全州、兴安间抢渡湘江，突破国民党军队的第四道封锁线。

湘江之战是关系中央红军生死存亡的关键一战。红军广大干部、战士同国民党军队展开了殊死的决战。11 月 27 日，红军先头部队渡过湘江，控制了渡河点。大部队因携带辎重过多，行动迟缓，尚未过江即遭到优势敌军的夹击。为强渡湘江，中央红军各军团浴血奋战，与敌搏斗，损失惨重。湘江两岸担任掩护任务的部队，为中央领导机关和其他部队顺利过江，与敌展开激战，付出极大牺牲。12 月 1 日，国民党军队发动全线进攻，企图夺回渡口，围歼红军于湘江两岸。红军经整日血战，阻止住敌军的进攻。到当日 17 时，中央领导机关和红军大部渡过湘江。担任掩护任务的红五军团第三十四师和红三军团第十八团被阻止在湘江东岸，最后弹尽粮绝，大部壮烈牺牲。

湘江战役是中央红军长征以来最壮烈的一战。红军以饥饿疲惫之师，苦战五昼夜，终于突破敌军重兵设防的第四道防线，粉碎了蒋介石围歼中央红军于湘江以东的企图。但是，红军也为此付出了极为惨重的代价。渡过湘江后，中央红军和中央机关人员由长征出发时的 8.6 万余人锐减至 3 万余人。

这时，博古感到自己责任重大，一筹莫展。李德一面唉声叹气，一面却诿过于人。他先拿红二十二师师长周子昆开刀。这个师在湘江岸边进行阻击，被打垮了，只有负伤的周子昆等十多人突围出来。李德指责周子昆临阵脱逃，粗暴地训斥道："你的部队呢？没有兵还有什么脸逃回来！"他命令警卫班将周子昆捆起来，送军事法庭处置。警卫班战士一个也不肯动手，在场的博古默不作声。毛泽东便直接出来干预，说："周子昆交给我处理。"他同周子昆谈了话，鼓励他好好干，继续带兵打仗。李德知道后，气得暴跳如雷，攻击毛泽东"收容败将，笼络人心"。

三、遵义会议实现伟大的历史转折

湘江战役后，国民党军在城步、新宁、通道、绥宁、靖县、武岗、芷江、黔阳、洪江等地区构筑碉堡线，集结重兵，企图把中央红军一网打尽。博古、李德无视敌情，仍然坚持按照原定计划前进。这使中央红军又处在一个非常危急的时刻。如果不改变原定的前进方向，就有全军覆灭的危险。

在这危急关头，毛泽东根据敌我双方的军事态势，建议中央红军放弃北上同红二、红六军团会合的原定计划，立即向西转移，到敌军力量比较薄弱的贵州去开辟新的苏区。12 月 12 日，中共中央负责人在湖南通道举行紧急会议。参加会议的张闻天、王稼祥、周恩来等多数同志赞成和支持毛泽东提出的上述转向的方针，但李德等人拒不接受。会后，博古、李德仍坚持到湘西去。12 月 18 日，中共中央政治局在黎平举行会议，根据毛泽东的建议，通过决议，放弃到湘西北同红二、红六军团会合的计划，改向贵州北部进军。

会后，红军经贵州腹地向黔北挺进，连克锦屏等七座县城，12 月底占领乌江南岸的猴场。12 月 31 日晚至次日凌晨，中共中央在猴场召开政治局会议，作出《关于渡江后新的行动方针的决定》。这个决定提出首先在以遵义为中心的黔北地区，然后向川南创建川黔边新的根据地的战略任务。会议还决定，关于作战方针，以及作战时间与地点的选择，军委必须在政治局会议上做报告，以加强政治局对军委的领导。这个决定，实际上剥夺了博古、李德的军事指挥权。会后，红军渡过乌江，把国民党的“追剿军”甩在乌江以东和以南地区，并于 1935 年 1 月 7 日占领黔北重镇遵义城。一个决定党和红军命运的转折点正在到来。

1 月 15 日至 17 日，中共中央在遵义召开政治局扩大会议（即遵义会议）。会议集中全力解决当时具有决定意义的军事和组织问题。张闻天、毛泽东、王稼祥尖锐地批评了博古、李德在第五次反“围剿”中实行单纯防御、在战略转移中实行逃跑主义的错误。与会者多数同意张闻天、毛泽东等人的意见。会议增选毛泽东为中央政治局常委，委托张闻天起草《中共中央关于反对敌人五次“围剿”的总结的决议》。中央政治局通过遵义会议决议，并及时向全军传达、贯彻。3 月中旬，成立由毛泽东、周恩来、王稼祥组成的新的“三人团”，以周恩来为首，负责全军的军事行动。

◆ 遵义市今貌

遵义会议是党的历史上一个生死攸关的转折点。这次会议在红军第五次反“围剿”失败和长征初期严重受挫的历史关头召开，事实上确立了毛泽东在党中央和红军的领导地位，开始确立了以毛泽东为主要代表的马克思主义正确路线在党中央的领导地位，开始形成以毛泽东为核心的第一代中央领导集体，开启了党独立自主解决中国革命实际问题的新阶段，在最危急关头挽救了党、挽救了红军、挽救了中国革命。遵义会议的鲜明特点是坚持真理、修正错误，确立党中央的正确领导，创造性地制定和实施符合中国革命特点的战略策略。

遵义会议后，中央红军在毛泽东等指挥下，根据实际情况的变化，灵活地变换作战方向，迈开铁脚板，忽东忽西，迂回曲折地穿插于敌人重兵之间，使国民党军感到扑朔迷离，疲于奔命，红军则处处占据主动。从 1935 年 1 月到 3 月下旬，中央红军四渡赤水。3 月下旬，南渡乌江，佯攻贵阳。5 月上旬，中央红军渡过金沙江。

至此，中央红军摆脱了几十万国民党军的围追堵截，粉碎了蒋介石围歼红军于川黔滇边境的计划，取得了战略转移中具有决定意义的胜利。这一胜利，是改换了中央军事领导之后取得的，充分显示了毛泽东高超的军事指挥艺术。

第二节

红四、红二方面军和红二十五军的长征

红四方面军是从川陕苏区开始长征的，于1935年6月与中央红军主力在懋功地区胜利会师。红二、红六军团从湘西北的桑植开始长征，历尽艰险，于1936年7月与红四方面军在甘孜会师。不久，红二、红六军团加上红三十二军合编为红二方面军。红二十五军从鄂豫皖苏区出发开始长征，转战万余里，成为长征到达陕北的第一支红军。

一、红四方面军的长征

中国工农红军第四方面军（简称为红四方面军）原在鄂豫皖苏区，是中国工农红军三大主力之一。1932 年 10 月，红四方面军在鄂豫皖苏区第四次反“围剿”失败后，撤离鄂豫皖苏区，向川陕进发，随后创建了川陕苏区。1934 年 10 月，当中央红军开始长征时，红四方面军在川陕苏区刚刚取得粉碎四川军阀六路围攻的胜利。为了向四川、甘肃边界发展，配合中央红军在川黔滇边的作战，红四方面军于 1935 年 3 月底发起强渡嘉陵江战役。经过激烈的战斗，取得强渡嘉陵江成功的重大胜利。

红四方面军由此打乱敌人的“川陕会剿”计划，控制了嘉陵江以西纵横二三百里的广大新区，部队发展到 8 万多人，造成极为有利的形势。但是张国焘决定放弃川陕苏区，把原定留守苏区的部队、地方武装和一切后方机关都转移到嘉陵江以西。他采取这一行动，是由于对川陕苏区和整个革命形势作了悲观的估计。他看不到坚持川陕苏区的有利条件和策应中央红军的重大作用，认为尾追中央红军的蒋介石嫡系军队会很快进入四川，红军将招架不住，不如主动撤走。张国焘的这种右倾思想，不可避免地要引起红一、红四方面军会师后，在战略行动方向问题上与中央发生严重分歧。

4 月下旬，蒋介石为了防止红军在嘉陵江与涪江之间建立根据地，调集重兵阻止红军南下，企图南北夹攻围歼红四方面军主力于江油、中坝地区。红四方面军根据当时的敌情，决定甩开敌人，继续西进岷江地区，占领松潘、理番、茂县等地，以摆脱不利处境，并策应中央红军北上，争取早日实现两个方面军会师。

5 月初，红四方面军 5 个军 11 个师 33 个团，以及党政机关、学校、工厂等，共 8 万多人，先后撤出彰明、中坝、青川、平武等地，分数路向岷江地区西进。5 月中旬，红九、红三十军经北川攻占墩上、土门，沿途击溃国民党军 5 个团的堵击，接着占领茂县、威州、理番；红四、红三十一军占领了松潘、平武以南的镇江关、片口等地。与此同时，中央红军经会理、冕宁北上，两个方面军即将会师。这一消息极大地鼓舞了红四方面军广大指战员，纷纷表示要以英勇斗争、多打胜仗的实际行动，迎接党中央和中央红军。他们还在部队中开展捐献衣物鞋袜的活动，准备了大批慰问品，表现了红四方面军对党中央和中央红军的崇敬心情和团结友爱精神。

◆ 红四方面军长征出发地纪念碑

为了迎接中央红军，红四方面军派红三十军政治委员李先念率该军第八十八师和红九军第二十五、第二十七师各一部，由岷江地区兼程西进，于6月8日攻占懋功，歼灭守敌两个营以及地方反动武装近千人，接着攻占达维镇。

1935年9月上旬，张国焘坚持南下同中央分道扬镳后，中共中央在北上途中致电张国焘，命令他改变南下方针，但张国焘坚持错误。9月中旬，他在阿坝召开川康省委及红军中党的活动分子会议，攻击中央北上的方针是“逃跑”，力主南下，并反对在左路军中坚决主张同中央一起北上的朱德和刘伯承。9月下旬，原左路军和右路军的一部分在张国焘的指挥下重过草地，计划到粮食较多的宝兴、芦山、天全一带去。他以为中共中央率领不大的部队北上，已不成气候。10月5日，张国焘公然在四川省理番县卓木碉另立党的“中央”“中央政府”“中央军委”“团中央”，宣布“毛泽东、周恩来、博古、洛甫应撤销工作，开除中央委员及党籍，并下令通缉”。12月5日，他狂妄地要求中共中央“不得再冒用党中央名义”，只能称北方局，中华苏维埃共和国中央政府、红一方面军也只能称陕甘政府和北路军。至此，张国焘分裂党和红军的行动发展到登峰造极的地步。朱德、刘伯承一直同他进行坚决的斗争，同红四方面军中不赞成张国焘分裂行动的领导者一起，耐心地进行争取受迷惑的人员的工作。

鉴于张国焘分裂党和红军的严重性，中共中央政治局于1936年1月

22 日作出《中央关于张国焘同志成立第二“中央”的决定》，责令张国焘立即取消他所成立的“中央”“中央政府”“中央军委”和“团中央”，停止一切反党活动，并决定在党内公布俄界会议通过的《中央关于张国焘同志的错误的决定》。

张国焘的分裂行动，在红四方面军中是不得人心的。9 月中旬部队南下后，于 10 月到 11 月间在绥（靖）崇（化）丹（巴）懋（功）战役中取得击溃川军六个旅的胜利，又在天（全）芦（山）名（山）雅（安）邛（崃）大（邑）战役中取得歼灭川军 1.5 万余人的胜利，但自己也伤亡近万人。1936 年 2 月，国民党当局增调重兵向天全、芦山地区大举进攻，张国焘被迫率部不断西撤，越过大雪山，于 4 月上旬撤到甘孜、炉霍地区。红军虽英勇奋战，但伤亡很大，到甘孜后只剩下 4 万余人，同南下前相比已减员过半。部队滞留在甘孜一带，给养极其困难。张国焘的南下方针在实践中已告失败。

这时，中共中央仍从陕北不断地把各方面情况电告红四方面军，要其继续北上。张国焘不能无视中央北上适应形势的发展，并打开中国革命的宽广前途的事实。红四方面军中，广大干部、战士要求北上抗日与中央会合的愿望，以及对张国焘的分裂行为的不满情绪日益增长。从莫斯科回国到达陕北的张浩（林育英），也以中共驻共产国际代表团的名义对张国焘进行帮助。任弼时、贺龙等领导的红二、红六军团即将到达甘孜地区。在这种情况下，张国焘于 1936 年 6 月 6 日宣布取消他另立的

“中央”。

红四方面军与红二、红六军团会师后，继续北上，历经艰难困苦，于 10 月上旬胜利到达陕北。红四方面军的长征历时一年半，是各路红军长征中历时最长的。

二、红二方面军的长征

中国工农红军第二方面军（简称为红二方面军），是中国工农红军三大主力之一。1936 年 7 月 2 日，由长征到达四川甘孜的红二军团、红六军团和红三十二军（原红一方面军红九军团）合编正式成立。

红二军团是由湘鄂边的红二军和洪湖的红六军组成。红六军团是由湘赣苏区的红十七师同湘鄂赣苏区的红十八师组成。1934 年 10 月 24 日，红六军团同红三军于黔东印江县木黄会师，由任弼时、贺龙、关向应统一指挥两军，红三军随即恢复了红二军团番号。11 月底，成立了以任弼时为书记的中共湘鄂川黔省委，加强了党的统一领导。与此同时，撤销了原湘鄂西中央分局，成立了以贺龙为主席的湘鄂川黔省革命委员会。同时还成立了湘鄂川黔军区，由红二军团指挥部兼，贺龙任司令员，任弼时任政治委员。随后，红二、红六军团挺进湘西，攻克永顺、大庸，策应了中央红军的长征。此后不久，又成立了黔东特委，重组黔东独立师，坚持当地斗争。

1935 年 2 月 1 日，红二、红六军团接到中共中央及军委电令，传达了党中央政治局扩大会议即“遵义会议”的精神，并指定由贺龙、任弼时、关向应、萧克、王震、夏曦组成中央革命军事委员会分会，以贺龙为主席。红六军团重新恢复第十七、第十八师的建制，4月以后，红二、红六军团实行战略机动，粉碎了敌人80多个团的大规模“围剿”，取得了重大胜利，有力地策应了中央红军的长征。10月，将地方武装组建成第五、第十六师，分别编入红二、红六军团。至此，全军发展到2.1万余人。

1935年9月，蒋介石调集130个团向湘鄂川黔苏区发动新的“围剿”，形势非常严峻。11月19日，红二、红六军团为争取主动，在任弼时、贺龙、关向应、萧克、王震等领导下，从刘家坪地区出发，开始战略转移。

1936年1月上中旬，红二、红六军团进入黔东石阡、镇原、黄平地区。由于国民党军队四面紧逼，部队又向黔西、大定、毕节转移，并在毕节城内成立临时政权机关。2月底，夏曦在毕节七星关渡河时牺牲。3月下旬，部队到达盘县、亦资孔地区。3月30日，红二、红六军团接到红军总司令朱德、总政治委员张国焘的电报，命令他们北渡金沙江同位于甘孜地区的红四方面军会师。

红二、红六军团离开盘县地区向西急进，渡过金沙江，越过大雪山，历尽艰险，于7月2日同红四方面军会师于甘孜。中共中央得知他们的情况后，指令红二、红六军团合编为红二方面军（红三十二军编入），由

中国工农红军第二第六军团木黄会师纪念碑

贺龙任总指挥，任弼时任政治委员，萧克任副总指挥，关向应任副政治委员。此时张国焘虽已取消另立的“中央”，但并没有改变同中央对抗的立场。他企图拉拢刚刚会师的红二方面军支持他的错误活动和主张，遭到红二方面军领导人的坚决抵制。在朱德、刘伯承、任弼时、贺龙、关向应等力争下，红二、红四方面军决定共同北上，同中央和红一方面军会合。

1936 年 7 月上旬，红二、红四方面军从甘孜出发，途经阿坝、包座等地，越过雪山草地，于 8 月到达甘肃南部。9 月上旬，红四方面军先后攻占漳县、临潭、渭源、通渭、岷县、陇西、临洮、武山等广大地区。

中共中央和中革军委为了促成抗日民族统一战线，迎接全国的抗日高潮，已于 8 月提出三支红军主力会师后合力夺取宁夏的战役计划。中共中央打算通过夺取宁夏，巩固和扩大西北苏区，并打通同苏联的交通，首先形成西北抗日局面，进而出兵绥远，推动全国大规模抗战的实现。

9 月 14 日，中共中央和中革军委为此作出具体部署，要求进抵甘南的红四方面军立即占领隆德、静宁、会宁、通渭地区，控制西（安）兰（州）大道，与在固原西部的红一方面军部队靠近，阻止胡宗南部西进；同时，派聂荣臻、左权率领部队挺进到西兰公路以北，迎接红二、红四方面军北上会师，争取两个月后夺取宁夏。

但张国焘这时又对北进方针动摇，于 9 月 21 日命令红四方面军撤离通渭等地，掉头西进，打算迅速从兰州以西永靖、循化一带渡过黄河，进入凉州、永登地区，并认为先机占领甘北，是“目前最重要一环”。后来，经过中共中央的耐心说服和命令，以及朱德和红四方面军一些领导人的抵制和斗争，加之在兰州以西渡河困难，张国焘才不得不放弃这个打算。

10月22日，红二方面军与红一方面军在将台堡会师，胜利结束了长征。

三、红二十五军的长征

中国工农红军第二十五军（简称红二十五军），是红四方面军主力离开鄂豫皖苏区以后，以留下的红四方面军一部为基础，组建和逐步发展起来的。1934年11月16日，按照中共中央、中革军委的指示，红二十五军在中共鄂豫皖省委率领下，从河南省罗山县何家冲出发，离开鄂豫皖苏区，开始战略转移。11月17日晚，红二十五军在信阳南东双河和柳林之间越过平汉铁路，又经青石桥、黄龙寺、月河店、金桥等地，进入鄂豫边界之桐柏山区。

蒋介石得悉红二十五军突围西进后，急调30余团的优势兵力进行围追堵截，并控制入陕通道，企图乘红二十五军远离苏区之际包围歼灭之。红二十五军进入桐柏山区后，鉴于这里处于平汉铁路和汉水之间，活动区域太小，难以立足发展，便决定向伏牛山区转移。经过多次英勇冲杀，终于在11月27日拂晓进抵伏牛山东麓。12月8日，在击溃铁锁关陕西

◆ 红二十五军长征出发地——军部旧址

民团后，进入陕南境内。

12 月 10 日，中共鄂豫皖省委在雒南县庾家河举行会议，决定创建鄂豫陕苏区，改鄂豫皖省委为鄂豫陕省委，徐宝珊任书记，吴焕先任副书记。会后，红二十五军立即展开创建苏区的各项工作。

1935 年 1 月，蒋介石命令杨虎城指挥兵力对鄂豫陕苏区发动第一次“围剿”，经过蔡玉窑、文公岭、石塔寺、九间房等战斗，中共鄂豫陕省委指挥红二十五军粉碎了敌人的第一次“围剿”，初步建成了鄂豫陕苏区。5 月，蒋介石又调集重兵对鄂豫陕苏区发动第二次“围剿”，企图在 3 个月内把红二十五军全部歼灭。为打破敌人的进攻，中共鄂豫陕省委

◆ 吴焕先在这里指挥了著名的四坡战斗

作出决定：以游击队就地展开游击战争；以红二十五军北上寻歼敌一部，而后采取诱敌深入、先疲后打的方针，以运动战和游击战相结合的方式来打破敌人的“围剿”。经过荆紫关、袁家沟战斗和威逼西安的军事行动，粉碎了敌人的第二次“围剿”。

中共鄂豫陕省委在指挥红二十五军威逼西安的作战过程中，从敌人报纸上获得了红一、红四方面军已在四川懋功会师，并有可能北上的消息。这样，为配合主力红军的行动，1935 年 7 月 16 日，鄂豫陕省委决定除留下部分兵力坚持根据地的斗争以外，红二十五军主力约 4000 人，从西安以南沣峪口出发，西征北上，以策应主力红军的北上行动。8 月 3 日，攻克甘肃两当县城，9 日攻下天水城北关。11 日北渡渭河占领秦安县城。15 日到静宁休整 3 天后，向东进发并翻越了六盘山。8 月 21 日，在泾川四坡村战斗中，中共鄂豫陕省委代书记、红二十五军政委吴焕先不幸牺牲。此后，红二十五军经华亭县北上，出平凉、渡泾河，向东北前进。9月7日，部队到达合水东北的豹子川。在那里，中共鄂豫陕省委决定，由红二十五军副军长徐海东任军长，军长程子华代理中共鄂豫陕省委书记兼政治委员。9月9日，部队抵达保安永宁山，同陕甘苏区党组织取得了联系。稍事休息后，部队又向永坪镇开进。经过4天的行军，红二十五军于9月15日到达延川县永坪镇与陕北红军胜利会师，成为红军长征中先期到达陕北的第一支队伍。至此，红二十五军历时10个月，途经4个省，转战近万里，胜利结束长征，完成了党中央赋予的担当“先遣队”的历史使命。

红二十五军与陕北红军会师后，在中共中央代表团主持下，中共鄂豫陕省委和中共西北工委在永坪镇举行联席会议，决定撤销西北工委和鄂豫陕省委，成立中共陕甘晋省委。会议同时决定，红二十五、红二十六、红二十七军合编组成中国工农红军第十五军团（简称红十五军团），徐海东任军团长，程子华任政治委员，刘志丹任副军团长兼参谋长，高岗任政治部主任，郭述申任政治部副主任，下辖第七十五、第七十八、第八十一师。全军团共7000余人。这为迎接中共中央和红军陕甘支队的到来创造了条件。

红十五军团成立后，立即参加了粉碎敌人第三次“围剿”的斗争。1935年10月1日，在劳山战役中歼敌第一一〇师师部和2个团，俘虏敌人2000余人。10月25日，又攻克榆林桥，歼敌第一〇七师4个营，俘敌 1800 余人。

1935 年 10 月底，由红一方面军主力组成的陕甘支队与红十五军团在甘泉地区胜利会师。会师后，11 月 3 日，中共中央决定恢复红一方面军番号，彭德怀任司令员，毛泽东任政治委员，红十五军团列入红一方面军的建制。

第三节

红军长征的胜利

经过无数艰难曲折，各路红军终于先后到达陕甘地区，红军三大主力会师，胜利结束长征。南方红军和游击队浴血坚持三年游击战争，东北抗日联军进行了艰苦卓绝的斗争，都为红军长征的胜利作出了不可磨灭的贡献。红军长征的胜利，是中国革命第二次由失败转向胜利的关键。它使中国共产党和红军渡过了自第五次反“围剿”失败以来最危险、最艰难的时期。从此，中国革命呈现新局，并一步一步走向最后胜利。

一、红一方面军长征到达陕北

中央红军渡过金沙江后，得到几天的休整时间。1935 年 5 月 12 日，中央政治局在四川会理县城郊召开扩大会议，讨论军事行动问题。那时，林彪给中革军委写了一封信。“林信大意是，毛、朱、周随军主持大计，请彭德怀任前敌指挥，迅速北进与四方面军会合。”[①] 毛泽东批评了林彪：“你是个娃娃，你懂得什么？”周恩来、朱德等发言支持毛泽东，称赞他在危急时刻，采取兜大圈子、机动作战的方针，四渡赤水，佯攻贵阳，威逼昆明，北渡金沙江，才摆脱了敌人的重兵包围。会议统一了认识，维护了团结，并决定立即北上同红四方面军会合。

红军继续北上，先要通过彝族聚居地区，才能到达大渡河畔。毛泽东嘱咐先遣队司令员刘伯承：“先遣队的任务，不是去打仗，而是宣传党的民族政策，用政策的感召力与彝民达到友好。只要我们全军模范地执行纪律和党的民族政策，取得彝族人民的信任和同情，彝民不会打我们，还会帮助我们通过彝族区，抢先渡过大渡河。”[②] 经过大凉山彝族地区时，刘伯承坚定地执行了党的民族政策，同彝族果基部落首领果基约旦（小叶丹）杀鸡歃血为盟，实现了民族团结，使红军顺利地通过这个地区。6 月 2 日，红军主力全部渡过大渡河。毛泽东对红军指战员们说：“我们

① 彭德怀：《彭德怀自传》，解放军文艺出版社，2002，第 205 页。

② 中共中央文献研究室编《毛泽东年谱（1893—1949）》（修订本）上卷，中央文献出版社，2013，第 454—455 页。

◆ 会理会议遗址

的行动已经证明，中国共产党领导的红军不是太平军，我和朱德也不是‘石达开第二’，蒋介石的如意算盘又打错了。”①

过了泸定桥，红军继续北上，翻越了长征途中第一座人迹罕至的大雪山夹金山。6月12日，中央红军先头部队到达懋功东南的达维镇，与前来迎接的红四军方面第三十军李先念部会师。6月18日，中共中央与中央红军主力到达懋功地区。两大主力红军会师后，集结在这个地区的兵力达到10多万人，红军实力大大增强，为开创新局面创造了有利条件。此时，摆在党和红军面前的首要任务，是正确制定统一的红军发展的战略方针。

6月26日，中共中央在两河口召开政治局会议。周恩来提出，待创建的新根据地需要具有三个条件：地域大，好机动；群众条件较好，人口较多；经济条件较好。据此，会议决定红军集中主力向北进攻，以创造川陕甘苏区。领导红四方面军的张国焘口头上也表示同意。中央政治局常委会会议决定增补张国焘为中革军委副主席。不久，又任命他为红军总政治委员。但张国焘却又提出南下的方针，给两军会师后的发展蒙上了阴影。

8月初，红一、红四方面军混合编成左右两路军北上。毛泽东、张闻天、周恩来等率中共中央机关和前敌指挥部随右路军行动。朱德、张

① 中共中央文献研究室编，金冲及主编《毛泽东传（1893—1949）》，中央文献出版社，2004，第365页。

国焘、刘伯承等率红军总司令部随左路军行动。8月4日至6日，中共中央政治局在毛儿盖附近的沙窝召开会议，讨论形势与任务。会议决定恢复红一方面军总部，由周恩来任红一方面军司令员兼政治委员。会议强调创造川陕甘苏区是当前红一、红四方面军面临的历史任务，为此，要进一步加强党对红军的绝对领导，维护两个方面军的团结。决议指出，在红军中必须纠正对革命前途悲观失望的右倾错误。鉴于张国焘坚持向青（海）、宁（夏）、新（疆）退却的主张，8月15日，中共中央致电张国焘，指出不论从敌情、地形、气候、粮食任何方面考虑，红一、红四方面军主力均宜经班佑北上，万不宜再事迁延，致误大计。接着，毛泽东召集徐向前、陈昌浩、叶剑英等开会，研究右路军经草地北上的具体路线，决定由叶剑英率两个团为右路军先遣队。

8月19日，中央政治局在沙窝召开常委会议，鉴于周恩来病重，决定由毛泽东负责军事工作。8月20日，中央政治局在毛儿盖召开

◆ 红军长征纪念碑

扩大会议。毛泽东在会上所作的报告中，论证了北上方针的正确性，要求左路军迅速向右路军靠拢，以便共同北上。这次会议调整了夏洮战役具体部署，以右路军为北进主力，有着重要的意义。

8月下旬，毛泽东随右路军离开毛儿盖，向荒无人烟的大草地进军。大草地到处是野草丛生的沼泽和散发腐臭味的黑色淤泥潭，稍微不慎，踏进泥潭，就可能被吞没。广大红军将士经过长途跋涉，体质十分虚弱，很多人在过草地时牺牲。右路军走了六天六夜，才走出草地，等待左路军前来会合，并进行了休整。

可是，张国焘提出种种借口，不愿北上，并要右路军南下。9月9日，张国焘电令右路军政治委员陈昌浩率部南下，“彻底开展党内斗争”。担任右路军参谋长的叶剑英看到电报后，立刻报告毛泽东。毛泽东先后与张闻天、博古、周恩来、王稼祥等人紧急磋商，为了贯彻北上方针，并避免红军内部可能发生的冲突，决定连夜率红一、红三军[①]和军委纵队先行北上。中共中央多次致电张国焘，要他立刻率部北上，指出“向南则敌情、地形、居民、给养都对我极端不利，将使红军陷于空前未有之困难环境”，但张国焘置之不理。

中共中央先行北上后，于9月11日晚到达甘肃省迭部县俄界。9月12日，中共中央政治局在此地召开扩大会议，通过关于张国焘错误的决

① 当时红一方面军的第一、第三、第五、第九军团分别改称为红一、红三、红五、红三十二军。

定，并将北上中央红军改称为中国工农红军陕甘支队（简称红军陕甘支队），彭德怀为司令员，毛泽东为政治委员；成立由毛泽东、周恩来、王稼祥、彭德怀、林彪组成的五人团领导军事工作。中共中央号召红四方面军的干部、战士团结在中央周围，同张国焘的错误倾向作斗争，促其北上。

俄界会议后，中共中央率领红军陕甘支队迅速北上，向甘南腊子口前进。9 月 17 日，红军陕甘支队先头部队一举突破川甘边界天险腊子口，越过岷山，第二天占领哈达铺。这就是毛泽东诗中所写的："更喜岷山千里雪，三军过后尽开颜。"在哈达铺，毛泽东等从一张报纸上得知陕北有相当大的一块根据地以及红军活动的情况。当天，毛泽东在红军陕甘支队团以上干部会议上提出到陕北去。聂荣臻后来回忆，毛泽东说："我们

◆ 哈达铺红军长征纪念馆广场

要北上，张国焘要南下，张国焘说我们是机会主义，究竟哪个是机会主义？目前，日本帝国主义侵略中国，我们就是要北上抗日。首先要到陕北去，那里有刘志丹的红军。我们的路线是正确的。现在我们北上先遣队人数是少一点，但是目标也就小一点，不张扬，大家用不着悲观，我们现在比一九二九年初红四军下井冈山时的人数还多哩！”[①]

9月27日，中共中央政治局常委在榜罗镇开会，正式决定前往陕北，保卫和扩大根据地。会后，红军陕甘支队继续北上，跨过西（安）兰（州）公路，攀登海拔3000米高的六盘山，冲破了国民党军的最后一道封锁线，陕北苏区已经在望。毛泽东登上六盘山顶峰时，心潮澎湃，写下了《清平乐·六盘山》:“天高云淡，望断南飞雁。不到长城非好汉，屈指行程二万。六盘山上高峰，红旗漫卷西风。今日长缨在手，何时缚住苍龙？”

红军陕甘支队越过六盘山后，就遇到一个新的对手：国民党的骑兵。在青石嘴，侦察到有两连国民党军骑兵正在下鞍休息，毛泽东立刻到前沿阵地指挥。聂荣臻回忆道:“随后，毛泽东同志也上了我们站的这个山头。他叫把各个大队的领导干部都召集来，决定要消灭这股敌人。他亲自命令一大队和五大队从两侧迂回兜击，四大队从正面突击。三个大队像猛虎扑食似地扑下山去，把敌人解决了，缴获了一百多匹马。大家对

① 聂荣臻:《聂荣臻元帅回忆录》，解放军出版社，2005，第230页。

◆ 六盘山

打骑兵有信心了。我们用缴获的马匹装备了纵队的侦察连，我们也开始有自己的骑兵部队了。”[①]

这时，东北军和马鸿宾的三个骑兵团尾追而来。毛泽东认为，让国民党军骑兵一直跟着红军进陕北苏区于我们不利。他提出要“砍尾巴”。彭德怀指挥第一、第二纵队，坚决果断地击溃了国民党军骑兵2000多人，使他们在一段时间里不敢再来侵扰。毛泽东兴奋地赠诗一首：“山高路远坑深，大军纵横驰奔。谁敢横刀立马？唯我彭大将军！”

10月19日，毛泽东随红军陕甘支队抵达陕甘苏区的吴起镇。至此，

① 聂荣臻：《聂荣臻元帅回忆录》，解放军出版社，2005，第231页。

中央红军主力行程二万五千里，纵横 11 个省的长征胜利结束，实现了空前的战略大转移。陕甘苏区成为中央红军主力长征的落脚地。10 月 22 日，中共中央政治局召开会议。毛泽东在会上作了关于目前行动方针的报告和结论。他指出：“陕甘支队自俄界出发已走二千里，到达这一地区的任务已经完成。……敌人对于我们的追击堵截不得不告一段落，……我们的任务是保卫和扩大陕北苏区，以陕北苏区领导全国革命。陕、甘、晋三省是发展的主要区域。”① 这次会议批准了榜罗镇会议关于落脚陕甘的战略决策，宣告了中央红军长征的结束。

11 月初，中共中央和红军陕甘支队在甘泉地区同红十五军团会师。11 月 3 日，中华苏维埃共和国中央政府决定成立中国工农红军西北革命军事委员会。同日，西北军委宣布恢复红一方面军番号，陕甘支队改为红一军团。红十五军团编入红一方面军建制。11 月 7 日，中共中央机关到达陕甘苏区的中心瓦窑堡。

红一方面军到达陕北后，立即迎击国民党军队的“围剿”，11 月 20 日至 24 日在直罗镇取得歼敌一个师又一个团的重大胜利。直罗镇战役的胜利巩固了陕甘苏区，“给党中央把全国革命大本营放在西北的任务，举行了一个奠基礼”。

① 中共中央文献研究室编《毛泽东年谱（1893—1949）》（修订本）上卷，中央文献出版社，2013，第 480—481 页。

◆ 吴起镇烈士陵园

11月30日，红一方面在陕西富县东村举行营以上干部大会。毛泽东在会上作《直罗战役同目前的形势与任务》的报告。他谈到直罗镇战役的意义时说，这次胜利，彻底粉碎了敌人对陕北的第三次围攻，为中共中央和红军在西北建立广大的根据地，推动全国抗战，举行了奠基礼。

当中共中央和红军还在长征途中的时候，民族危机日益加深，全国人民的抗日救亡运动又高涨起来，国内政局出现一些新的变化。但是，国民党统治集团仍然不肯放弃“剿共”政策。这时，它除在南方继续“清剿”留在老根据地的红军外，还企图以重兵消灭中共中央所在的陕甘苏区。

在这种新形势下，中共中央有必要对整个形势作出科学的分析，制定出适合新情况的完整的政治路线和战略方针。1935 年 12 月 17 日到 25 日，中共中央在瓦窑堡召开中央政治局扩大会议，通过了毛泽东起草的《中央关于军事战略问题的决议》。决议指出，在日本帝国主义变中国为其殖民地的形势下，党的总任务是以坚决的民族战争，反抗日本帝国主义进攻中国。

为适应东征作战的政治、军事需要，中共中央决定红一方面军以中国人民红军抗日先锋军的名义实行东征，彭德怀为司令员，毛泽东为政治委员。抗日先锋军首先向山西、绥远进军，并逐步向接近抗日前线的华北广大地区发展，以便与日军作战。新组建的红二十八、红二十九军和地方游击队留守陕甘苏区。

这次东征是 1936 年 2 月 20 日开始的。抗日先锋军冲破阎锡山部队的防线，渡过黄河。3 月 31 日，红二十八军也渡河参战。红军宣布，此次东征是为了实行各项抗日政策，争取迅速对日作战，表示愿意停止一切内战，联合抗日。东征期间，中共中央政治局于 3 月下旬先后在山西西部孝义县大麦郊、隰县石口和石楼县罗村、四江村召开会议（通称晋西会议），讨论军事战略方针等问题，并决定中共中央不再随东征红军行动。会后，张闻天等随即回后方瓦窑堡。

红军的东征行动，遭到阎锡山部队的顽抗。蒋介石为了阻拦红军的东进，任命陈诚为山西“剿共”军总司令，调集 10 个师，号称 20 万人，分两路增援阎锡山，同时命令黄河以西的国民党军队与之配合，企图彻底消灭红军，摧毁陕甘苏区。阎锡山也改变了原来拒绝国民党中央军进入山西的态度。这就使双方在山西的军事力量对比发生重大的改变。

5 月 5 日，毛泽东、朱德以中华苏维埃人民共和国中央政府主席和中国人民红军革命军事委员会主席的名义，向南京政府及其海陆空军队发出《停战议和一致抗日通电》。经过两个多月的东征，红军的力量有所扩大。红军在山西的十多个县开展群众工作，宣传党的抗日主张，建立起一些抗日游击队和游击区，为后来开辟抗日根据地打下了基础。在东征作战中，红二十八军军长刘志丹不幸牺牲。

红军回师陕北后，由毛泽东、朱德再次发出《停战议和一致抗日通电》，但蒋介石却拒不接受，继续加紧对陕甘苏区的进攻。他调集 16 个师另 3 个旅的兵力，准备对陕甘苏区发动新的“进剿”。在陕甘苏区周围的国民党军队中，只有东北军和第十七路军与共产党秘密建立了初步的统战关系，不愿再同红军作战。如果红军不采取必要的对策，仍有被困死在陕甘地区的危险。

根据这种形势，中共中央决定红军向陕甘宁三省边界国民党军事力量薄弱的地区西征，以巩固和发展陕甘苏区，扩大红军，争取西北抗日力量的联合。5 月 18 日，中革军委决定以红一方面军的红一、红十五军团和红八十一师、骑兵团等 1.3 万余人，组成西方野战军西征，彭德怀任司令员兼政治委员，向陕甘宁边界地区发动进攻。其余部队在南线和东线牵制国民党军，以掩护红军主力西征和保卫陕甘苏区。随着军事形势的变化，中共中央机关于1936年6月底从瓦窑堡移驻保安。

彭德怀率西方野战军从5月19日起出发西征。以红一军团为左路，红十五军团等部为右路，后来又以红二十八军、红八十一师、骑兵团为中路。西方野战军接连取得胜利，相继占领了陕甘宁三省边界的大片地区。西方野战军的作战至8月1日结束，进行休整。这次战役，历时两个半月，共消灭敌人、俘敌旅长以下2000余人枪，战马500余匹，开辟了纵横400余里的新根据地，使陕甘苏区发展成陕甘宁苏区。从8月开始，西方野战军在巩固新区的同时，继续发展胜利，并为迎接红二、红四方面军北上作了积极准备。

二、三大红军主力胜利会师

红一方面军的西征胜利，为实现红军三大主力会师创造了有利条件。当中共中央和中央红军主力在陕北站住脚跟并胜利展开的时候，毛泽东和中共中央其他领导一直十分关心被张国焘强令南下的那部分红军的命运，并积极行动争取他们早日重新北上。此时，红二、红四方面军战胜千难万险，克服了张国焘的分裂主义，到达甘肃南部。红军三大主力很快就要会师了。

但张国焘一意孤行，在分裂党和红军的道路上越走越远，在理番县卓木碉另立党的第二“中央”。随左路军行动的朱德、刘伯承等同张国焘的分裂行径进行了坚决的斗争。鉴于张国焘的反党分裂活动，1936 年 1 月 22 日，中共中央政治局作出《中央关于张国焘同志成立第二“中央”的决定》，责令他立即撤销另立的“中央”。张国焘的分裂行为，在红四方面军中也很不得人心，许多干部、战士要求北上与中央和红一方面军会师。红四方面军南下后，在作战中伤亡很大，到 4 月间兵力减半，只剩下 4 万多人。这时，中共中央一再电令红四方面军北上，从苏联归国的张浩也以共产国际代表的身份致电张国焘，要他立即取消另立的“中央”。这样，张国焘不得不于 6 月 6 日宣布取消另立的“中央”。徐向前回忆道：“毛泽东同志说过：南下是绝路。后来的事实，完全证明了这一正确论断。‘吃一堑，长一智’。我对毛主席的远大战略眼光和非凡气魄，是经过南下的曲折，才真正认识到的。”[①]

毛泽东、张浩、张闻天、周恩来等 68 位在陕甘的党政军负责人联名致电红二、红六军团和红四方面军，指出：“我们以无限的热忱庆祝你们的胜利的会合，欢迎你们继续英勇的进军，北出陕甘与一方面军配合以至会合，在中国的西北建立中国革命的大本营……”[②] 接着，中央军委发布命令：红二、红六军团和红三十二军（原红一方面军的红九军团）组成红二方面军，贺龙任总指挥，任弼时任政治委员。

① 徐向前：《历史的回顾》中，解放军出版社，1985，第 456 页。

② 中央档案馆编《中共中央文件选集》第 11 册，中共中央党校出版社，1991，第 48 页。

红二、红四方面军会合后，任弼时从张国焘处要来电报密码，直接同在陕北的中共中央取得了联系。在朱德、刘伯承、任弼时、贺龙、关向应等力争下，红二、红四方面军决定共同北上，从7月初开始分左、中、右三个纵队北上同中共中央会合。7月22日，毛泽东、张浩、张闻天、周恩来、彭德怀致电朱德、张国焘、任弼时，指出：我们正动员全部红军并苏区人民粉碎敌人的进攻，迎接你们北上。红一方面军主力在8月底从豫旺堡、同心城、黑城镇地区南下迎接红二、红四方面军，先头部队在10月初进抵静宁、会宁地区。

10月2日，红十五军团骑兵团连续奔袭20多小时，行程300多里，抢在国民党军胡宗南等部到达前，夺占会宁县城，为红军三大主力的会师创造了条件。10月7日，红一军团第一师、红十五军团第七十三师在会宁同红四方面军第四军会合。10月9日，朱德、张国焘、徐向前、陈昌浩率红四方面军指挥部到达会宁，与红一方面军会师。10月21日，贺龙、任弼时、关向应、刘伯承在平锋镇与红一方面军第一军团代理军团长左权、政治委员聂荣臻会面。10月22日和23日，红二、红六军团分别在将台堡、兴隆镇同红一方面军会师。至此，红二方面军历时11个月，转战8省，行程2万余里；红四方面军历时19个月，转战4省，行程1万余里。历尽坎坷，九死一生，红军三大主力终于会师，红军长征取得伟大胜利。

在红军三大主力会师的时候，中共中央和中革军委把宁夏战役作为政治上、军事上打开新局面的决定的一环，抓紧进行部署。1936 年 10 月下旬，红四方面军一部奉中革军委命令，西渡黄河准备执行宁夏战役计划。11 月 11 日，渡河部队根据中共中央决定称西路军。深入河西走廊的西路军将士，在极端困难的条件下英勇奋战 4 个月，歼敌 2 万余人，但终因寡不敌众，于 1937 年 3 月惨烈失败。

正当抗日战争的烽火即将在全国燃烧起来的时候，三支主力红军为担负中国革命的新任务而在西北会师，这是一个具有伟大历史意义的事件。中共中央、中华苏维埃中央政府、中央军委致电热烈祝贺红军三大

◆ 会宁会师门

主力的会师，指出：这一会合，证明“中国民族抗日统一战线与抗日联军是有了坚强的支柱了”，“全国同胞是有了团结御侮的核心了”，在“国内政治关系上，将要起一个决定的作用”。

三、南方红军游击战争和东北抗日联军的斗争

中共中央部署战略转移的同时，对中央苏区游击战争也作了周密安排，确定了留守苏区的领导人，成立了中共中央分局、中华苏维埃共和国中央政府办事处和中央军区。

1934 年 9 月初，中央书记处调项英回瑞金，安排他留下来负责领导苏区，继续坚持游击战争。10 月 10 日，周恩来到医院看望陈毅，传达了中央的决定，并说：“中央决定留下你坚持斗争，你斗争经验丰富，特别是有井冈山斗争的经验和苏区几次反‘围剿’的经验，相信你一定能依靠群众，依靠党的领导，坚持到胜利。”[①] 中共中央最终确定项英和陈毅作为留守苏区的主要领导人。此外，中共中央还留下其他一些重要领导人，比如瞿秋白、贺昌、陈潭秋、毛泽覃、何叔衡、张鼎丞、陈正人、阮啸仙、周建屏等。

1934 年 10 月上旬，中共中央决定成立苏区中央分局和中央军区，以项英为分局书记兼军区司令员和政治委员。同时，成立以陈毅为主任

① 中共中央文献研究室编《周恩来年谱（1898—1949）》，中央文献出版社，1998，第 269—270 页。

的中华苏维埃共和国中央政府办事处。留在苏区的部队有红二十四师、独立团及地方游击队约 1.6 万余人，加上党政机关工作人员和红军伤病员，共 3 万余人。

中共中央规定中央分局除领导中央苏区外，同时领导湘赣、湘鄂赣、赣东北和闽北苏区的游击战争。中央军区则直接指挥江西、福建、闽赣、赣南、闽浙赣（闽北分区在内）5 个军区。中共中央赋予他们的任务是掩护红军主力转移，保卫中央苏区，开展游击战争，扰乱敌人的进攻，准备将来配合红军主力，在有利的条件下进行反攻，恢复和扩大中央苏区。

为此，中共中央于 10 月 8 日发出了给中央分局关于开展游击战争的《训令》，中革军委也颁布了由毛泽东主持编写的长达 2.6 万字的《关于游击队动作的指示》，对苏区游击队的组织、任务、游击战术、游击根据地的建立及游击队的政治工作等问题，作了规定，并划定瑞金、会昌、于都、宁都 4 个县城之间的“三角地区”，为最基本的地区和必须最后坚守的阵地。

根据中共中央指示精神，中央分局和中央政府办事处积极开展发动群众，进行游击战争的准备工作。10 月 18 日，项英指出：“发展游击战争是我们中央苏区整个党与苏维埃目前最中心的任务！只有完成这个任务，才能解决我们在五次战争中‘死亡或者胜利’的历史问题。”并号召：“全苏区的工农群众，不认男子、女子、老年人、小孩子，都要鼓动他们加入游击队伍，发展最广泛的群众游击战争。”[①]

11 月 7 日，中央政府办事处主任陈毅、副主任梁柏台共同签署并发布布告，揭露了国民党士兵所受的压迫和国民党所犯的罪行，并鼓动国民党士兵实行暴动兵变，加入红军。

12 月中旬，项英接到中革军委关于中央红军主力放弃去湘西改向遵义地区前进的电报，获知中共中央已改变策略。加上国民党军对中央苏区进行疯狂地“清剿”，项英最终接受了陈毅关于改变斗争方式的建议。于是，在项英的主持下，中央分局十二月会议在于都宽田召开，决定改变斗争方式，广泛发动群众，开展灵活机动的游击战争。

1935 年 2 月，中共中央连续给中央分局电报指示，为处于危急关头的中央苏区党和红军适时地实现战略转变、组织留守部队突围和胜利地坚持游击战争指明了方向。从 2 月中旬开始，中央分局开始部署九路突围。九路突围后，保存下来的部队成为革命的种子，逐步在各游击区开展游击战争，从而揭开了南方三年游击战争的序幕。

4 月上旬，项英、陈毅和赣粤边特委在江西大余县长岭村召开干部会议（即长岭会议），制定了游击战争的方针，即依靠群众，坚持斗争，积蓄力量，创造条件，迎接新的革命高潮。至此，中央分局实现了从大兵团作战向广泛的群众的游击战争的战略转变，使游击战争进入了一个

① 项英：《开展广泛的群众游击战争保卫中央苏区》，载《红色中华》1934 年 10 月 20 日第 243 期第 1 版。

新阶段。

在项英和陈毅的领导下，红军游击队在以油山为中心的赣粤边地区，坚持艰苦的游击战争。中央分局还派赖昌祚到瑞金任特委书记，领导闽赣边地区的游击战争；派陈潭秋、邓子恢、谭震林率红二十四师一部去闽西与张鼎丞部会合，坚持斗争。

与此同时，在闽北、闽东、闽中、闽粤边、皖浙赣、浙南、湘南、湘鄂赣、湘赣、鄂豫皖边、鄂豫边以及琼崖等地区，党组织和红军游击队也都紧紧依靠群众，开展了不屈不挠、英勇顽强的游击斗争。

面对国民党军队的反复“清剿”和血腥镇压，红军游击队和革命群众一起，进行英勇顽强的抵抗，表现出无比坚毅的英雄气概。在南方三年游击战争中，留下来坚持斗争的何叔衡、贺昌、毛泽覃、万永诚、古

◆ 赣粤边游击区的中心——信丰油山

柏、阮啸仙等许多干部、战士，先后英勇牺牲。瞿秋白、刘伯坚等被俘后，坚贞不屈，慷慨就义。他们表现出中国共产党人为革命理想献身的精神和崇高气节。

1937 年全国抗日战争爆发后，蒋介石虽已同共产党进行和平谈判，但对共产党领导的南方各游击区仍进行疯狂的“清剿”。各红军和游击队一方面对国民党军队的“清剿”继续进行有力的反击；另一方面经过中共中央和各地方党的领导人在谈判桌上同国民党进行复杂的政治斗争，迫使国民党军队逐步停止进攻。南方红军三年游击战争最终以国民党“清剿”的失败而告终，在战略上配合了中央红军的战略转移，是长征的重要组成部分，为长征的胜利作出了不可磨灭的贡献。

在国共两党就南方红军游击队改编问题达成原则协议后，为了尽快把分散在各地的红军游击队集中起来，开赴抗日前线，从 1937 年秋开

◆ 南方红军三年游击战争纪念馆

始，项英、陈毅等在中共中央的指示下，积极联络各地的红军游击队下山改编。

1937 年 12 月 13 日，中共中央政治局会议的决议曾高度评价南方红军和游击队的三年游击战争，指出:“项英同志及南方各游击区的同志在主力红军离开南方后，在极艰苦的条件下，长期坚持了英勇的游击战争，基本上正确的执行了党的路线，完成了党所给予他们的任务。以致能够保存各游击区在今天成为中国人民反日抗战的重要支点，使各游击队成为今天最好的抗日军队之一部。这是中国人民一个极可宝贵的胜利。……他们的长期艰苦斗争精神与坚决为解放中国人民的意志，是全党的模范。”①

1938 年 1 月底，项英和中共中央东南分局副书记曾山来到大余池江。赣粤边红军游击队改编为新四军第一支队第二团第二营和第三营的一部分。湘粤赣边区抗日义勇军第二支队编入新四军第一支队第二团第三营。与此同时，其他各游击区红军游击队也在与国民党当局达成停战合作协议后，陆续下山集中整训，随后都编入新四军。

从此，经过三年游击战争艰苦考验的红军游击队，走出深山老林，以新四军的勃勃英姿，高举抗日大旗，驰骋在大江南北，成为一支立场坚定、久经考验的红色劲旅，后被毛泽东誉为“华中人民的长城”。

① 《中共中央政治局关于南方各游击区工作的决议》(1937 年 12 月 13 日通过)，载中共中央文献研究室、中央档案馆编《建党以来重要文献选编(1921—1949)》第 14 册，中央文献出版社，2011，第 735 页。

九一八事变后，中国共产党在东北三省积极组织并领导抗日武装斗争。1933 年 1 月 26 日，中共中央发出《给满洲各级党部及全体党员的信》（即“一二六指示信”），首次提出在东北组织全民族的抗日统一战线策略。从 1933 年 9 月起，中共满洲省委把党领导的各抗日游击队相继改编为东北人民革命军。1936 年 2 月，东北人民革命军和党领导或影响的各抗日游击队相继改编为东北抗日联军。

东北抗日联军开辟了东南满、北满和吉东三大游击区。活跃在东南满地区的有第一军和第二军。1936 年 7 月，第一军和第二军合编为第一路军，由杨靖宇任总司令，王德泰任副总司令。活跃在北满地区的有第三军、第四军和第六军。活跃在吉东地区的是第五军主力。11 月，以抗日联军第四军第二师为基础建立抗日联军第七军。之后，还建立了第八、第九、第十、第十一军。

到 1937 年全民族抗战爆发前后，东北抗日联军发展为 11 个军，共 3 万余人，在南起长白山，北抵小兴安岭，东起乌苏里江，西至辽河东岸的广大地区，开展游击战争，同日、伪军进行大小几千次战斗，粉碎敌人一次又一次“讨伐”。他们的英勇斗争，有力打击了日本在中国东北的殖民统治，牵制了大量日军，支援和鼓舞了全国抗日救亡运动。

在东北抗日联军这支英勇的队伍里，涌现出许许多多可歌可泣的英雄人物和英雄事迹。1936 年 8 月，年仅 31 岁的赵一曼牺牲前，在给儿子的遗书中写道：“我最亲爱的孩子啊！母亲不用千言万语来教育你，就用

◆ 东北抗日联军纪念馆

实行来教育你。在你长大成人之后，希望不要忘记你的母亲是为国而牺牲的！”赵一曼“誓志为人不为家”的高尚情操，生动诠释了伟大的东北抗联精神。

红军长征是一次“理想信念、检验真理、唤醒民众、开创新局”的伟大远征，创造了同强大敌人、严酷环境、党内错误路线英勇斗争并取得辉煌胜利的历史奇迹，不仅宣告了国民党消灭中国共产党和红军的图谋彻底失败，实现了红军的战略大转移，宣传了中国共产党的政治主张，在沿途播下了革命的种子，鼓舞了广大人民群众，而且极大地推进了马克思主义中国化进程，实现了中国革命新局面的历史性转折。特别是以毛泽东为核心的第一代中央领导集体的形成，成为中国共产党走向成熟的重要标志。红军长征的胜利是在遵义会议后确立以毛泽东为核心的新的党中央正确领导下取得的。红军长征的胜利表明，中国共产党及其所领导的中国工农红军具有战胜任何困难的无比顽强的生命力，是一支不可战胜的力量。

红军长征后保存下来的红军人数虽然不多，但这是中国共产党极为宝贵的精华，构成以后领导抗日战争和解放战争的骨干。毛泽东曾说过："我们的军事力量在长征前曾经达到过三十万人，因为犯错误，后来剩下不到三万人，不到十分之一。重要的是在困难的时候不要动摇。三万人比三十万人哪个更强大？因为得到了教训，不到三万人的队伍，要比三十万人更强大。"①

红军长征这一人类历史上的伟大壮举，留给我们最可宝贵的精神财富，就是中国共产党人和红军将士用生命和热血铸就的伟大长征精神。伟大长征精神，就是把全国人民和中华民族的根本利益看得高于一切，坚定革命的理想和信念，坚信正义事业必然胜利的精神；为了救国救民，不怕任何艰难险阻，不惜付出一切牺牲的精神；坚持独立自主、实事求是，一切从实际出发的精神；顾全大局、严守纪律、紧密团结的精神；紧紧依靠人民群众，同人民群众生死相依、患难与共、艰苦奋斗的精神。

1936 年 10 月下旬，为实现打通苏联援助道路的目的，红四方面军一部奉中革军委命令，西渡黄河准备执行宁夏战役计划。11 月 11 日，渡

① 毛泽东：《帝国主义是不可怕的》（1960 年 5 月 7 日），载中共中央文献研究室编《毛泽东文集》第 8 卷，人民出版社，1999，第 174 页。

河部队根据中央决定称西路军。深入河西走廊的西路军将士，在极端困难的条件下英勇奋战 4 个月，歼敌 2 万余人，但终因寡不敌众，于 1937 年 3 月惨烈失败，血沃祁连。西路军不畏艰险、浴血奋战的英雄主义气概，为党为人民英勇献身的精神，同长征精神一脉相承，成为中国共产党人红色基因和中华民族宝贵精神的重要组成部分。

苦难砥砺淬精神。作为中国共产党人红色基因和精神族谱的重要组成部分，伟大长征精神是中国共产党人及其领导的人民军队革命风范的生动反映，是中华民族自强不息的民族品格的集中展示，是以爱国主义为核心的民族精神的最高体现，为中国革命不断从胜利走向胜利提供了强大的精神动力。

第二章

LIXIANG XINNIAN DE WEIDA YUANZHENG

理想信念的伟大远征

崇高的理想，坚定的信念，永远是中国共产党人的政治灵魂。红军长征就是一次理想信念的伟大远征。在这一次伟大远征中，苦难、曲折、死亡，时刻检验着中国共产党人的理想信念，向世人证明了中国共产党人的理想信念是坚不可摧的。中国共产党和红军在第五次反“围剿”失败后被迫转移而不气馁，在征途中屡遭挫折而不溃散，在苦难中淬炼精神而不懈怠。长征途中，中国共产党和红军几经挫折却不断奋起，最终取得伟大的胜利，归根到底在于心中的远大理想和对革命信念的坚定执着。红军长征的胜利，就是中国共产党人理想信念的胜利，更是无数红军将士用流血牺牲换来的胜利。长征精神闪耀着共产党人的信仰之光。

第一节

为理想奋斗到底

红军长征是一部用理想之光导引方向，用激情之火燃烧困难的英雄史诗。面对敌人的四道封锁线，以及终年积雪的夹金山、苍茫无垠的松潘草地等极端恶劣环境，红军将士经受了自然环境的严峻挑战，克服了饥病叠加的严重困难，以英勇气概同围追堵截的几十万国民党军浴血奋战，展现出“红军不怕远征难，万水千山只等闲”的必胜信心。英勇的红军将士始终保持着对革命事业的无限忠诚和对党能够领导革命胜利的坚定信念，以大无畏的英雄气概和坚忍不拔的毅力，战胜各种艰难险阻，用鲜血和生命换来了长征的最后胜利。

一、为主义和信仰献身

由坚定的政治信仰产生的百折不挠的革命意志，是中国共产党人战胜一切艰难险阻、从胜利走向胜利的强大力量源泉。在风雨如磐的长征路上，崇高的理想，坚定的信念，像一盏永不熄灭的明灯，激励和指引红军将士在惊心动魄的长征路上前仆后继、一路向前。红军将士，用鲜血和生命铸就了理想与信念的伟大丰碑。

红军长征时，彭德怀要时任红三军团第四师师长洪超担任开路先锋时，洪超二话没说，表示坚决完成任务。1934 年 10 月 21 日，洪超带领部队在信丰新田百石村打响了红军长征第一仗。

在洪超亲自指挥下，红军以迅雷不及掩耳之势抢占百石村附近的制高点，架起机枪，向守敌猛烈扫射。此时，红军战士冒着枪林弹雨，越过铁丝网，翻过深深的壕沟，向高处的碉堡冲去。枪炮声、呐喊声响彻山谷。听到激烈的枪声，驻金鸡圩的国民党粤军一个营猛地向百石村扑来，途中遭到红十一团、红十二团迎头痛击，仓皇逃走。200 余百石村守敌被红军打得晕头转向，急忙逃离碉堡，躲进村里一座坚固的“万人祠”围屋里。红军攻占百石碉堡后，很快将围屋包围起来，随即展开政治攻势，高喊“缴枪不杀”口号。可是，躲在围屋里的敌人却负隅顽抗，一会儿向外打几枪，一会儿又扔出几颗手榴弹。洪超马上到前沿观察，果断命令部队立即用迫击炮坚决消灭敌人！随后，他不幸被围墙内射出的一颗流弹击中头部，血流不止。当政治委员黄克诚赶来时，洪超艰难地

◆ 雕塑：《红军长征第一仗》

睁开眼让大家不要管他，坚决消灭敌人，说完就牺牲了，为革命献出了年轻而宝贵的生命。最后，在黄克诚的率领下，红四师全歼敌人，取得了百石战斗的胜利。

时任红三军团军团长的彭德怀得知洪超牺牲的消息后，悲痛地说，洪超同志身先士卒，英勇杀敌的革命精神，值得我辈学习！彭德怀还对身边人说，不要忘记洪超，他是中央红军长征路上牺牲的第一个师长。时任红三军团政治委员的杨尚昆后来回忆说：“洪超同志 18 岁时参加南昌起义，是一位身经百战的优秀指挥员。”[①]2005 年 8 月，信丰县决定在洪超牺牲的地方修建革命烈士墓，中央军委原副主席张震欣然为洪超烈士墓题写碑文，表达了对洪超烈士的深切怀念。

长征初期，中央红军行进缓慢，敌人很快尾追上来，给中央红军的安全构成严重威胁。在这个关键时刻，红三十四师师长陈树湘奉命率部担负起阻敌追击的任务。陈树湘深知责任重大，为了振奋军心，他专门召开全师战士大会。在会上，他面对数千战士斗志昂扬地讲道，中革军委命令红三十四师为整个红军队伍的后卫，坚决阻击尾追之敌！希望大家充满信心完成任务。全师战士要求战斗的吼声惊天动地。看到战士们信心十足，陈树湘接着对同志们说，尾追之敌都是敌人的精锐部队，红三十四师肯定有很多硬仗要打，大家怕不怕牺牲？战士们异口同声地喊

① 杨尚昆：《杨尚昆回忆录》，中央文献出版社，2001，第 107 页。

道："不怕牺牲！红军必胜！"

之后，陈树湘立刻率领全师战士赶到指定位置，担负起全军后卫的重任。毛泽东曾说，长征初期采取的战术是"打狗战术"。红三十四师走在后头，边打边走。敌人在中央红军长征的路上设置了四道封锁线，前三道封锁线被红军顺利突破。气急败坏的敌人很快依托湘江设置了第四道封锁线，妄图让红军重蹈"石达开兵败大渡河"的覆辙。

1934 年 12 月 1 日，陈树湘率领红三十四师 6000 余人，经过三天三夜的血战，成功掩护中央机关和中革军委纵队、主力红军渡过湘江后，被敌截断前进的道路，无法渡江追赶主力。陈树湘率领红三十四师余部突出重围，转战广西灌阳和湖南的道县、江永、江华一带。12 月 12 日，在江华抢渡牯子江渡口时，陈树湘腹部中弹，伤势严重。12 月 15 日，身负重伤的陈树湘组织力量掩护余部突围，与敌人战至弹尽粮绝，不幸被俘。

◆ 陈树湘石像

一名红军师长被俘，敌军如获至宝，一边邀功请赏，一边企图从陈树湘口中得到红军的情报。面对敌人的威逼利诱，陈树湘毫不动摇，拒医绝食，坚持斗争，身体越来越虚弱，生命垂危。

敌人无奈之下，准备于12月18日拂晓，将陈树湘押解至道县县城。当行至蚣坝镇石马神村时，陈树湘乘敌不备，在担架上忍着剧痛，从伤口处抠出肠子，大喊一声，将肠子用力绞断，壮烈牺牲，践行了他“为苏维埃新中国流尽最后一滴血”的铮铮誓言。他向死而生，用对共产主义至死不渝的信仰和一腔热血，诠释了共产党人的忠诚和使命！

陈树湘英勇牺牲后，国民党地方保安团为了得到赏钱，割下了他的头颅到长沙领赏。他们将陈树湘的头颅挂在长沙城小吴门的石柱上示众，而他家低矮的房子便在城外的瓦屋街。紧闭的木门后面，是他卧床不起的母亲，还有日夜思念他、盼着他早日归来的年轻妻子陈江英……道县百姓偷偷将陈树湘的无头遗体，埋葬在潇水之滨。

习近平总书记在多个重要场合深情讲述了陈树湘断肠明志、绝对忠诚的革命故事，并反复强调，对党绝对忠诚要害在“绝对”两个字，就是唯一的、彻底的、无条件的、不掺任何杂质的、没有任何水分的忠诚。以陈树湘为代表的红三十四师全体将士，用鲜血和生命诠释了对党和人民的绝对忠诚！

无数红军将士倒了下去，即使血染湘江，但西进的人潮依然坚定向前。当得知中央红军北上的消息后，红二十五军政治委员吴焕先立即召开会议，决定全军配合中央红军北上行动，立即西征北上。红二十五军在陇南、陇东的行动，有效地牵制了国民党军，策应了中央红军北上。

当红二十五军到达甘肃平凉以东地域时，遭到国民党军马鸿宾部第三十五师在泾川以西的设防阻拦。在前有堵敌、后有追兵的危难情势下，程子华和吴焕先商量，决定徒步涉水南渡汭河。1935 年 8 月 21 日，红二十五军开始渡河。部队渡河到一半时，山洪暴发，河水突涨，几个战士不幸被激流卷走。吴焕先下令部队停止行动，抢救落水人员。军部机关直属队及担任后卫任务的第二二三团被阻于汭河北岸。

与此同时，国民党第三十五师骑兵团和一个步兵团共 1000 余人，突然向滞留四坡村的红军扑来。在这危急关头，吴焕先临危不惧，当机立断，决定和徐海东分头指挥部队，协力抵制敌军的进攻。于是，吴焕先立即带领交通队和学兵连 100 余人，迅速抢占塬上高地，直插敌军侧后，与徐海东部对敌军形成夹击之势，他们突然发起进攻，使得敌军顿时乱作一团。

这时，吴焕先向战士们振臂高呼，要同志们压住敌人，不让敌人追

◆ 吴焕先，红二十五军政治委员

近河边！要坚决地打！战士们不顾泥泞路滑，迅速抢占塬上制高点，从侧翼向敌人发起冲击。战斗在激烈进行时，亲临前线指挥作战的吴焕先不幸中弹牺牲。徐海东和战士们化悲愤为力量，与国民党军展开了激烈的肉搏战，将敌人全部歼灭在烂泥沟里。

战斗结束后，徐海东含着热泪，为吴焕先换上一件干净的青呢大衣，盖上毛毯，举行了入殓礼。由于军情紧急，没有仪仗、没有花圈、没有悼词、没有哀乐，红军将士把吴焕先的遗体安葬在甘肃泾川县郑家沟村后的小山上。

吴焕先牺牲后，党和人民给予他崇高的评价。在他的家乡河南新县，屹立着一座巍峨的吴焕先烈士纪念碑，邓小平、李先念、徐向前都曾为其亲笔题词。1985 年 8 月，由原红二十五军领导组成的战史编委会起草了《吴焕先烈士纪念碑文》，经胡乔木、胡绳等修改后镌刻在纪念碑上。

碑文高度评价了吴焕先的一生，指出，吴焕先同志是中国无产阶级革命家、政治家、军事家。他热爱祖国，忠于党，忠于人民，胸怀全局，实事求是，无私无畏，百折不挠。他严于治军，与战士同甘共苦，英勇机智，指挥若定。在多次恶战中使所率部队转危为安，转败为胜。他具有高尚的革命品质、坚强的斗争意志、卓越的战略远见和领导才能，深为全体指战员爱戴和崇敬，是全军公认的杰出领导者。

赤胆忠心下正是对党的无比忠诚，对信念的坚定如磐。长征途中，牺牲的营以上干部共有430多名，其中军以上干部就有10多名。经过长征，红一方面军由出发时的8.6万余人到只剩下7000余人；红二方面军由出发时1.7万余人到只剩下1.45万余人。中国共产党人靠坚定的理想信念完成了长征这个几乎无法完成的任务，并且愈发坚定了自己的理想信念。

二、在滚烫铁索上踏就胜利路

泸定桥又称铁索桥，位于四川省泸定县境内，建于1706年，是历史上连接川藏的唯一通道；桥长103米，宽3米，13根碗口粗的铁索固定在两岸桥台落井里，9根作底链，4根分两侧作扶手。湍急的大渡河水，沿着峡谷奔腾而下。

利用大渡河天险围堵红军，并决计在此消灭红军，是国民党的战略企图。中央红军渡过金沙江后，经会理、德昌、泸沽向大渡河挺进，左为天险雅砻江和大雪山山脉，右为地势更为复杂、无法补充给养的彝区大凉山，此处只有这一条道可走。蒋介石遂调动近20万军队，企图将中央红军围歼于金沙江以北、大渡河以南、雅砻江以东地区。

生死存亡，命悬一线。红军开始选择的渡河地点在安顺场。虽然红军到达大渡河南岸安顺场占领了渡口，但危机并没有因此解除。由于安顺场水深流急，无法架设浮桥，而红军仅找到4只小船，大部队难以迅速过河。1935年5月26日，毛泽东、周恩来、朱德到达安顺场，在听取刘伯承、聂荣臻的汇报后，立即决定中央红军主力火速抢占距离安顺场320里的泸定桥。由林彪率红一军团第二师和红五军团为左纵队，沿大渡河右岸前进；由刘伯承、聂荣臻率红一军团第一师为右纵队，沿大渡河左岸前进，互相策应。计划成功与否，关键在于能否限期夺取泸定桥。时任红一军团第二师第四团第四连干事唐进新后来回忆说："泸定桥，能否夺取，关乎着中央红军的生死存亡。"

泸定桥与安顺场之间，全是山路，一面是悬崖陡壁，一面是奔腾咆哮的大渡河，河边是坎坷不平的羊肠小道。红军不但要行军，同时还要与阻击的敌军作战。从安顺场到泸定桥，作为左纵队前锋的红二师第四团于5月27日早上从安顺场出发，一面行军，一面打仗，头一天行程仅80余里。28日凌晨，朱德命令左、右两纵队之先头部队要在29日赶到泸定桥。因此，余下的240里要在一天时间走完，其困难可想而知。

在红四团向泸定桥急行军时，对岸国民党川军刘文辉的部队也向泸定桥增援。时间就是生命，速度就是生命。这是一场意志的较量。红四团就像一团烈火在幽深的山谷里飞速前进着，硬是在29日凌晨抢占了泸定桥的西桥头，把国民党军远远甩在身后。

红军到达时，桥面上大部分木板已被拆除，只剩下铁索悬在空中。这样一座铁索桥，别说要在枪林弹雨中夺过来，就是走过去也让人不寒而栗。因此，有人质疑，凭借泸定桥这样的"一夫当关，万夫莫开"的天险，有备之敌为什么会战败？这是因为，在困难面前，信仰的力量是

◆ 泸定桥

无穷的。红军没有退路，夺取泸定桥是唯一选择。

与此同时，国民党军两个团的兵力早在东桥头和山坡上构筑了工事，并不时用重机枪和迫击炮向红军一侧射击。危急关头，红四团立即召开作战会议，并决定从第二连选出连长廖大珠等 22 名共产党员和入党积极分子组成夺桥突击队。第三连则在连长王友才的带领下，每人带一块木板，紧跟突击队一边战斗一边铺桥。时任红四团政治委员杨成武回忆说："下午四时，总攻开始。王团长与我手握短枪，站在桥头指挥战斗。……当事先准备的全团数十名司号员组成的司号队同时吹响冲锋号时，我方所有的武器一齐向对岸开火，枪弹象旋风般地刮向敌人阵地，一片喊杀之声犹如惊涛裂岸，山摇地动。"①

① 杨成武：《杨成武回忆录》，解放军出版社，1987，第 161—162 页。

抵近东桥头时，刚刚还得意扬扬的桥头守敌乱了阵脚。当突击队刚冲到对面桥头，西城门突然烧起冲天大火。敌人企图用火把突击队挡在桥上，用火力消灭突击队。在洪亮的冲锋号声中，突击队员们神速地向着火里冲去。冲在最前面的廖大珠连长，扔掉着火的帽子，光着头继续往前冲。其余的突击队员们也紧跟着廖大珠连长穿过大火冲进街去，与敌人展开了激烈巷战。随后，王友才率三连及时赶到，齐心协力，迅速占领了东桥头，打通了铁索桥。经过 2 个多小时的激战，县城守敌大部被歼，剩下的人四处逃窜。当天黄昏，红四团占领了泸定城，牢牢控制了泸定桥。当红四团英勇地夺下泸定桥后，中央红军主力也顺利地渡过了大渡河。夺下泸定桥当天，跟随毛泽东过桥的警卫班战士陈昌奉很是疑惑："这样的桥，有我们一个班守着，谁也不用想过来，可敌人……"毛泽东笑着说："敌人嘛，总是敌人！他们和我们共产党领导的队伍是不能相比的。"①

狭路相逢勇者胜。英勇的红军将士战胜体能极限，完成了看似不可能完成的任务。他们之所以能够创造奇迹，正是由于他们对信仰的执着和对胜利的渴望。泸定桥因此成为红军长征史上的重要里程碑，并享有"十三根铁链劈开了通往共和国之路"的美誉。

① 陈昌奉：《跟随毛主席长征》，天津人民出版社，1973，第 47—48 页。

三、军事史上罕见的艰苦行军

爬雪山、过草地，无疑是挑战人类极限的最悲壮的行军。皑皑雪山，茫茫草地，雄伟和苍茫掩藏着红军将士随时面临的死亡危险。红军将士几乎每天都要面临一次生死存亡的“遭遇战”。1935 年 6 月 12 日，中央红军第一师第四团作为全军先遣队来到夹金山下，拉开了长征路上最为悲壮的行程的序幕。

夹金山是中央红军长征中翻越的第一座大雪山。它位于四川省雅安市宝兴县西北，主峰海拔 4000 多米，终年积雪，空气稀薄，天气变化无常，被当地藏族同胞视为“连鸟儿也难以飞过”的神山。杨定华在《雪山草地行军记》中写道：“夹金山的雪不但不能‘赏’，而且会冷死人的。……因为山上空气异常稀薄，呼吸异常困难，因此只好慢慢地一步步来走。吃辣椒水的办法，结果只对身体强健的人起了作用，对身体弱的人则不生效力。这些体力弱的人竟有些冷得牙齿拍拍地响，有如机关枪发射的声音，甚至脸上也改变成黑黝的颜色。然而他们的革命热情的火焰，烧毁夹金山的奇冷；并且红军间的革命友爱，经百战锻炼而来，在过山时，大家互相照料帮助，更是不遗余力，所以情形虽然这样困难，然而除个别同志牺牲之外，竟都平安地渡过了夹金山。有青年将军之名的红军第 1 军团军团长林彪和总司令部的侦察科长胡底因身体衰弱，山上气压太低，几次晕倒，以后是在同志们的极力协助之下，才渡过了夹金山的难关。”[①]

许多老一辈革命家回忆了翻越夹金山的艰苦经历。杨成武回忆道:“越往上爬，空气越稀薄，呼吸越困难。有的同志头晕目眩，一步一停，一步一喘。我们互相搀扶着，几乎都是拚着全身力气，在同残酷无情的大自然搏斗。”“刚到山顶，突然下起一阵冰雹，核桃般大的雹子劈头盖脑地打下来，我们无处藏身，只好用手捂着脑袋继续朝前走。”[②]

男人尚且如此，女人就更加困难。一方面她们身体本来就不如男同志，另一方面有的人刚刚生完孩子或怀孕了，爬雪山更是困难重重。然而，共产党员、红军战士是“特殊材料制成的”，他们是有理想、有信仰的共产主义战士。那些红军女战士以坚忍不拔的毅力，不仅自己翻越了雪山，而且带着伤病员、担架、药箱等一起翻过了雪山。

翻越夹金山后，中央红军在长征途中还翻越了梦笔山、达古山、亚克夏山、昌德山等。此外，红二、红四方面军在长征中也多次翻越雪山，其中，红二方面军翻越的有玉龙雪山、海子山等十几座雪山；红四方面军翻越了海拔4400米以上的雪山就有5座，其中梦笔山、夹金山都是两次经过。

靠着坚强的意志，红军将士战胜了风雪严寒和高山缺氧的恶劣自然

① 杨定华:《雪山草地行军记》，载《延安文学》2016年第4期，第42页。
② 杨成武:《杨成武回忆录》，解放军出版社，1987，第185页。

◆ 夹金山

条件，战胜了“连鸟儿也难以飞过”的“神山”。8月中旬，中央红军分为左、右两路，分别从卓克基和毛尔盖出发进入生死莫测的松潘大草地。松潘大草地，位于青藏高原与四川盆地的连接地带，面积约1.52万平方千米，海拔3500米以上。当年流传着一首民谣：“卅里草地廿里水，荒无人迹鸟不飞；如有行人误入内，十有九个去难归。”这就是对草地恶劣环境的真实写照，聂荣臻对此回忆说：“整个草地的景象，真是‘天苍苍，野茫茫’，千里沼泽，杳无人烟，‘鸟飞不下，兽铤亡群’。”[①]

恶劣的自然环境没有将广大红军将士吓倒，饥寒交迫的日子没有

① 聂荣臻：《红一方面军的长征》，载中国工农红军长征史料丛书编审委员会编《中国工农红军长征史料丛书·回忆史料（1）》，解放军出版社，2016，第107页。

磨灭他们对革命胜利的希望。这是军事史上罕见的艰苦行军，是人类同恶劣环境的殊死斗争。在这片土地上，极端艰苦的环境反衬出红军战士的高度自觉和坚定信念。“九个炊事员”“一口行军锅”等感人故事，就是高度自觉和坚定信念的一个生动缩影。在频繁的作战和艰难的行军中，炊事员既要肩挑背扛必要的炊具，又要尽力保障官兵能喝上开水吃上热饭，任务十分艰巨，体力消耗极大。红三军团某连9个炊事员尽职尽责，默默奉献，前仆后继，勇于牺牲，用自己的生命保证了战友们在长征途中“除了战斗减员以外，没有因饥饿而牺牲一个人”[①]。他们用生命传承的不仅是一口普通的行军锅，更是坚定的理想信念和崇高的使命担当。

在极端恶劣的环境下，人若无坚定信念则难以负重前行。坚定信念的人始终相信，困难的前方是曙光。广大红军将士之所以能够克服、战胜恶劣的自然环境所带来的考验，就是因为他们对革命事业的无限忠诚和具有顽强的革命意志，就是因为他们充满了革命的乐观主义精神、阶级友爱和革命情谊。这是他们完成这场军事史上罕见的艰苦行军的强大精神原动力。

① 谢方祠：《九个炊事员》，载刘伯承等著《星火燎原全集》第3卷，解放军出版社，2009，第157页。

四、错误南下中的悲壮失败

百丈关战役是1935年南下的红四方面军与国民党军之间的一场重要战役，战役规模之大，参与人数之多，持续时间之长，战斗进行之艰难、之悲壮、之惨烈，是红军长征史上仅次于湘江血战的一场大战。

百丈关，位于名山县境，是成（都）雅（安）公路必经之地，地势十分险要，自古就有“获百丈关者，得成都无疑”之说。从这里去黑竹关之间的公路沿线，以北500里内（再北就进入山区）和以南基本上是小丘陵区。向东行5里有座横断公路的浅山——挖断山，是百丈东面的唯一屏障。

1935年9月下旬，张国焘不同意中共中央北上的方针，错误地率红四方面军南下。可指挥者战略上的错误，没有影响红军战士钢铁般的意志。10月8日，南下红军发起绥崇丹懋战役，经过10余天艰苦战斗，击溃川军6个旅，毙伤、俘虏敌兵3000余人。

10月24日，红三十军、第九军第二十七师从阿坝州懋功出发，以迅猛之势击溃杨森残部，翻越终年积雪的夹金山，向宝兴、天全、芦山三县发起进攻。11月1日，中纵队一举攻占宝兴，乘胜进占灵关镇，接着连续打垮敌刘湘教导师之1个旅1个团的阻击，直逼芦山城下。右纵队攻克西康金汤镇后，攻下天全以西紫石关、大岗山，击溃刘湘模范师的一个旅，10日攻占天全县城，随即向东迂回，协同中纵队包围芦山，12日攻克芦山。10余日内，红军占领了邛崃山以西、大渡河以东、青衣江以北和懋功以南之川康边广大地区，毙、俘敌1万余人，击落敌机一架。红军南下速度之快，攻城拔寨之坚决，让刘湘措手不及。随后，红四方面军决定向名山、邛崃进击，乘胜东下川西平原，直接威胁刘湘的政治心脏成都。

为了遏阻红军进入川西平原，刘湘急调其主力王缵绪、唐式遵等部以及李家钰部7个军、3个独立师共85个团、9个独立营，总计20多万川军集结于名山及夹门关、太和场、石碑岗，在名山重镇百丈关与红四方面军决一死战。

11月13日，红四方面军中纵队全部及右纵队第四军集中15个团的兵力，由五家口向朱家场、太和场之敌发起攻击，14日占领该地，击溃敌暂编第二师两个团。随即兵分三路，分别从雅安的上里、中里和名山的蒙顶山，向百丈、黑竹一线发起进攻。16日拂晓，先头红军红二十五师第七十五团溃川军两个团，占领百丈镇，与川军精锐对峙。红二十五师毫不畏惧，以攻对攻，红七十四、红七十五团如两把尖刀，直插川军腹心。双方沿公路展开混战，川军出动飞机助战。狭路相逢勇者胜，红二十五师奋勇冲杀，至黄昏时分，击溃川军反扑，并乘胜前进，至下午4时，相继占领黑竹、治安场、王店子。

为战胜红军，川军不断投入预备队，不顾一切地连续进攻，并重金组成“敢死队”。刘湘颁布《告剿共官兵书》，规定：凡有临阵退缩，畏敌不前，或谎报军情，作战不力者，一律军前正法。面对敌人优势兵力的疯狂进攻，红军广大指战员忍着疲劳寒冷，在山谷、水田和松林中与优势之敌展开浴血苦战，子弹打光了，就白刃搏斗，有的战士手臂被打断了，就用牙齿咬着拉火索将手榴弹拉响，与冲到身边的敌人同归于尽。

由于战略方针的错误，连续7昼夜的激战，虽然毙、伤敌1.5万余人，但红军伤亡也近万人。主力受挫，主阵地丢失，被迫于11月21日撤出百丈。这次战役历时7天7夜，是红四方面军南下以来最惨烈的一次战役。百丈关战役的失利，是南下红军被迫由进攻转为防御的转折点，也是张国焘南下错误方针碰壁的重要标志。时任红四方面军总指挥的徐向前后来客观地总结了战役失利的原因："我军百丈决战失利，教训何在呢？第一，对川军死保川西平原的决心和作战能力，估计不足，口张得太大。……第二，与此相联系，我军高度集中兵力不够。……第三，战

◆ 百丈关战役遗址碑

场的选择失当。……如此种种，都与我们在战役指导思想上的急躁和轻敌有关。”[①]

百丈关战役虽然失败了，但在战斗中红军战士为信仰而战，为理想献身的战斗精神依然值得我们铭记。1985年，为纪念百丈关战役而修建了占地面积521平方米的红军百丈关战役纪念馆。在名山县百丈镇，还建有百丈关战役纪念碑。

① 徐向前:《历史的回顾》中，解放军出版社，1985，第471—472页。

第二节

始终坚持正确的政治方向

长征创造了令世界震惊和赞叹的奇迹。毛泽东深刻指出："谁使长征胜利的呢？是共产党。没有共产党，这样的长征是不可能设想的。中国共产党，它的领导机关，它的干部，它的党员，是不怕任何艰难困苦的。"[①] 长征的历史证明：中国共产党是一个有着坚定理想信念的政党。只有坚持中国共产党的领导，只有坚持党的正确政治路线，才能取得中国革命的伟大胜利。坚持中国共产党的正确领导，维护党的集中统一，是取得长征胜利的首要条件。

① 毛泽东：《论反对日本帝国主义的策略》（1935 年 12 月 27 日），载《毛泽东选集》第 1 卷，人民出版社，1991，第 150 页。

一、“我的义务是执行党的决定”

1960年10月，美国著名记者埃德加·斯诺问了毛泽东一个问题：“在你一生中，当你观察中国革命的命运时，哪个时期使你感到是最黑暗的时期？”毛泽东回答说：“我们是有过那样的时候的……那时的困难主要不在外部，而是在内部。张国焘闹分裂，那是最大的困难。那个困难我们也克服了。我们用适当的政策，把张国焘率领的部队争取过来了。”[①]在那场与分裂主义的斗争中，一大批共产党人的坚毅抉择、勇敢担当和坚定的理想信念最终维护了党和红军的团结。

1935年9月15日，张国焘为阴谋夺取领导权，召开左路党员活动分子会议，公开提出南下主张，并煽动与会者批评中央，围攻朱德、刘伯承。张国焘逼着朱德表态反对北上，朱德在会上一再说：“党中央的北上方针是正确的。北上决议，我在政治局会议上是举过手的。我不反对北上，我是拥护北上的。我是一个共产党员，我的义务是执行党的决定。”[②]接着，刘伯承说：“我同意北上，从全国形势来看，北上有利，南下是要碰钉子的。……向南走，就会碰到薛岳和川军，打得好可以蹲一段，打不好还得转移北上。”[③]

① 毛泽东：《同斯诺的谈话》（1960年10月22日），载中共中央文献研究室编《毛泽东文集》第8卷，人民出版社，1999，第213页。

② 中共中央文献研究室编《朱德年谱》（新编本）上，中央文献出版社，2006，第538页。

③《刘伯承传》编写组：《刘伯承传》，当代中国出版社，2007，第189页。

尽管朱德、刘伯承等人立场明确、态度坚决，但是张国焘主持会议最终通过了一个决定，即南下。9 月 17 日，张国焘发布南下命令。

10 月 5 日，张国焘在卓木碉召开高级干部会议，宣布另立中央。此时，张国焘再次强令朱德表态。“朱德表示：你这种做法我不赞成，我们不能反对中央，要接受中央领导。并说：大敌当前，要讲团结！天下红军是一家。中国工农红军在党中央统一领导下，是个整体。大家都知道，我们这个‘朱毛’，在一起好多年，全国和全世界都闻名。要我这个‘朱’去反‘毛’，我可做不到呀！不论发生多大的事，都是红军内部问题，大家要冷静，要找出解决办法来，可不能叫蒋介石看我们的热闹！……这以后，张国焘多次强迫朱德公开反对中共中央，要朱德断绝和毛泽东的一切关系。朱德说：你可以把我劈成两半，但是你绝对割不断我和毛泽东的关系。”[①]

张国焘的分裂行径引起了极大震动，许多共产党员提出要北上去找中共中央，甚至有人提出了绑架张国焘，实施“兵谏”。这些意见被秘密汇报给了刘伯承，刘伯承于是与朱德商量如何处理。为了保存红军主力，朱德没有选择与张国焘公开决裂，也没有扔下红四方面军不管，而是决定在不失原则的前提下，运用策略尽力周旋。

11 月，红军在百丈关战役中遭受挫折，红四方面军广大指战员逐渐

① 中共中央文献研究室编《朱德年谱》（新编本）上，中央文献出版社，2006，第 540 页。

认识到张国焘南下方针是错误的，同时中共驻共产国际代表张浩带来了关于“共产国际完全同意中国党中央的政治路线”的消息。朱德抓住这一时机，于 1936 年 2 月初与徐向前等一同要求张国焘北上与红一方面军会师。2 月中旬，张国焘同意北上。随着红二、红六军团的到来，加上中共中央允诺以协商方式解决他的问题，张国焘终于在 6 月 6 日宣布取消其另立的“中央”，成立西北局。至此，张国焘妄想另立中央分裂红军的行径以失败告终。

朱德以崇高的威望、坚定的信念，带领一大批共产党员，坚决反对张国焘分裂党的行为，对张国焘的肆意妄为形成了有力制约。张国焘后来在回忆录中也承认，“顾到朱德所说留下转圜余地的意见”，不敢把事情做绝。徐向前对此回忆时说：“朱总司令的地位和分量，张国焘是掂量过的。没有朱德的支持，他的‘中央’也好，‘军委’也好，都成不了气候。”[①] 毛泽东说朱德是“临大节而不辱”，“度量大如海，意志坚如钢”。

二、红二、红六军团顾全大局北渡金沙江

1936 年 3 月，红二、红六军团突破国民党军的重兵包围，进入南、北盘江之间的盘县亦资孔地区。此时，红二、红六军团收到中革军委主席朱德和副主席、红军总政治委员张国焘于 3 月 23 日发来的电报：“在你

① 徐向前：《历史的回顾》中，解放军出版社，1985，第 475 页。

们渡河技术有把握条件下及旧历三月水涨前，设法渡金沙江”，与红四方面军会合，并指定多个渡河点。同时，电报后面又说：“如你军并不十分疲劳，有把握进行运动战时，则在滇黔边行动亦好。”这使得贺龙、任弼时等领导人一时难以判断中革军委的意图，因而没有立即回电。

经过反复研究，贺龙、任弼时、关向应复电朱德、张国焘：“在目前敌我力量下（即包括敌之樊、万、郝、郭、李、孙等纵队）于滇黔川广大地区内，求得运动战中战胜敌人创立根据地的可能，我们认为还是有的。”并提出：“我们渡河技术是很幼稚，但如在第三渡河点或最后路线通过，在春水未涨之前或不致感受大的困难。”

考虑到红二、红六军团的作战只是全国红军战略布局的一部分，贺

◆ 金沙江

龙、任弼时等从中国革命的战略全局出发，在电报中指出："最近国际国内事变新发展情况，我们不能甚明了。及在整个战略上，我军是否应即北进，及一、四方面军将来大举北进后，我军在长江南岸活动是否孤立和困难，均难明确估计。因此，我军究应以此时北进与主力汇合，或应留在滇黔川边活动之问题，请军委决定。以上望在一、二天内电告。"①

贺龙、任弼时等要张国焘首先明确"整个战略"，张国焘对此无法直接回答。因为，中共中央为了团结和争取张国焘，没有向全党传达俄界会议精神。因此，贺龙、任弼时和红二、红六军团不知道张国焘的分裂活动，也不知道中共中央已率红一、红三军团北上。他们在很长的一段时间，以为与朱德、张国焘的来往电报，就是向中共中央的请示报告。

3月30日，以"朱张"名义的复电，没有说明针对国内形势的变化和中共中央的战略方针及有关部署，只是说："依据国际国内情况，民族革命高潮在生长，苏维埃运动有些发展，但不能过份估计。蒋敌虽削弱，亦不能计算他在何时崩溃。"对红二、红六军团的行动，电报指出，"最好你军在第三渡河点或最后处北进，与我们汇合，一同北进。亦可先以

① 《贺龙、任弼时、关向应关于红二、六军团情况及行动方针请示朱德、张国焘电》(1936年3月29日)，载中国工农红军长征史料丛书编审委员会编《中国工农红军长征史料丛书·文献（5）》，解放军出版社，2016，第41页。

到达滇西为目的"，"究应如何，请按实况决定，不可受拘束"。[①]

接到朱德、张国焘电报的当日，红二、红六军团在盘县召开紧急会议，研究下一步战略方针。在讨论时，有的同志不愿意渡江。经过分析研究，大家取得了比较一致的意见：朱德、张国焘电报中明显希望红二、红六军团北上，而且认为最好从第三渡河点北上，这是中革军委的意图。在全国民众抗日救国的呼声日益高涨的情况下，红二、红六军团北上，与主力红军会合，开创西北革命的新局面，将更有利于全国的抗日反蒋斗争，也便于红军直接开赴抗日前线，同日本侵略军作战，担负起挽救中华民族危亡的重任。这是当时最重要的政治任务，红二、红六军团的战略方向应服从这个政治任务。会议最后决定，放弃在滇黔边创建根据地的方针，北上与红四方面军会合。

会议结束后，红二、红六军团立即收拢部队，并于 3 月 30 日电告中革军委：我们决经华坪之路线北进，四月一日前后开始向滇西方向移动，望在适当时派队接应。为了预防万一，红二、红六军团还考虑了预备方案，即如果遇到国民党军围追堵截，即改向澜沧江方向进行游击。时任红六军团团长萧克后来回忆说："本来我们是想在滇黔边站住脚的，接到总部北疲（渡）金沙江的指示后（当时我们并不知道一四方面军会合后

① 《朱德、张国焘关于红二、六军团最好北进与我们汇合复贺龙、任弼时、关向应电》（1936 年 3 月 30 日），载中国工农红军长征史料丛书编审委员会编《中国工农红军长征史料丛书 · 文献（5）》，解放军出版社，2016，第 43 页。

张国焘闹分裂的情况，电报署名是总司令朱德、总政委张国焘），曾在3月29日向总部询问，……3月30日，总部第二次来电，还是说最好北渡金沙江与他们会合一同北进。”“我们认真研究了总司令部的指示，并对当时战争态势和全国形势进行分析。虽然查明来包围滇黔边地区的敌人比进攻黔西、大定、毕节地区少了，但还在50团以上，时间久了，敌情也可能变化，能否在这地区站住，是未知数。……现在总部要我们北进同四方面军会合北上，可见全国革命大势转向了北方，应执行总部的指示。”①

4月26日下午，贺龙、任弼时率红二、红六军团凭借少量船只和木筏顺利北渡金沙江，踏上了与红四方面军会合的征途。4月28日，接到红二、红六军团全部渡过金沙江北岸电报后，朱德和红四方面军复电：“金沙既渡，会合有期，捷报传来，全军欢跃。谨向横扫湘、滇、黔万里转战的我二、六军团致以热烈的祝贺和革命的敬礼！”② 事实证明，红二、红六军团作出坚持北渡金沙江的决定，顾全了中共中央的战略大局，适应了全国的抗日救国运动的新形势。

---

① 萧克:《萧克回忆录》，解放军出版社，1997，第234、234—235页。

② 中共中央文献研究室编《朱德年谱》（新编本）上，中央文献出版社，2006，第563页。

三、打个大胜仗迎接党中央

1935 年 9 月，中共中央率陕甘支队进入甘南时，偶然得知了刘志丹及其领导的陕北苏区，于是决定把中共中央和红军的落脚点放在陕北。此时，徐海东、程子华率领的红二十五军已到达陕北，与陕北红二十六、红二十七军胜利会师。会师后，这三支红军队伍合编为红十五军团。这为粉碎国民党军对陕北苏区的“围剿”、迎接中共中央和中央红军北上作好了准备。

10 月底，红十五军团粉碎了国民党军对陕北苏区的第三次“围剿”。此时，陕甘支队发布《告红二十五、二十六军全体指战员书》，指出陕甘支队经过两万余里的长征，与红二十五、红二十六军会合，是中国苏维

◆ 红二十五军和红二十六、红二十七军于永坪胜利会师

埃运动的一个伟大胜利，是西北革命运动大开展的号炮，它将为开展西北苏维埃运动大局面、赤化全中国打下巩固的基础。

得知中共中央和中央红军即将到来的消息，红十五军团全体指战员无不欢欣鼓舞，群情振奋。军团长徐海东说:“毛主席快到了，再打上一仗，作为见面礼！”11 月初，红十五军团包围张村驿等敌人据点。此时，毛泽东等中央领导同志到红十五军团部驻地，进一步激发了全体将士士气。广大指战员高呼着“打个大胜仗，迎接党中央”“打下张村驿，迎接毛主席”的口号。经过激战，红十五军团肃清了国民党在黄陵、洛川、甘泉以西地区的据点，缴获了大量粮食和物资，为迎接中央红军准备好了物质。

张村驿战斗大捷后，红十五军团和中央红军胜利会师。为加强红十五军团的各级领导，徐海东等军团负责人主动要求中央派各级干部到红十五军团工作。中革军委先后派大量军政干部到红十五军团。对这些干部，红十五军团把他们安排到重要岗位，以诚相待。

中央红军刚到陕北时，经费比较困难。为了从人员、物资上全面支援中央红军，红十五军团召开干部大会，动员一切力量，为中央红军解决困难。红十五军团负责人在会上号召，各级指战员要向中央红军学习，搞好团结，拿出实际行动，节衣缩食，从各方面支援中央红军。经过研究讨论，红十五军团决定从每个连队抽出机枪 3 挺、其他枪支弹药若干，并从经济部、卫生部抽出部分衣物和药品来支援中央红军。为了保证质量，红十五军团要求做到“三不送”（即不送缺损零件的枪支，不送变质药品，不送破脏衣服）。

在中央红军经过的路上，当地党政军组织建立兵站，组织运输队、担架队，赶送冬衣、粮食和猪羊牛肉，帮助中央红军改善部队生活。同时，陕甘晋省委指示各级党政军加强扩大红军、优待军属的工作，把俘虏编成补充师，加紧训练，补充中央红军。

11 月 3 日，中共中央政治局常委会会议决定，中央机关迁驻陕甘苏区后方瓦窑堡。这一消息传开后，沿途群众敲锣打鼓，热烈欢迎中央机关的到来。瓦窑堡党政军领导机关和城郊广大群众，从城外到城内搭彩门、贴标语，高呼口号夹道欢迎，并腾出暖窑、热炕给中央机关；杀猪宰羊，碾米磨面，缝衣服，做鞋袜，慰问中央机关同志。

中共中央到达瓦窑堡后，立即纠正陕甘苏区肃反错误，释放了刘志丹等同志，加强了团结，挽救了陕甘苏区。两军会合，团结一心让陕北苏区的战斗力得到进一步提升。

第三节

民族利益高于一切

中国共产党坚持把全国人民和中华民族的根本利益看得高于一切。从组建北上抗日先遣队、北上抗日第二先遣队，到坚决反对张国焘的南下错误方针，再到以“中国人民红军抗日先锋军”的名义东征，中国共产党坚持民族大义，强调民族利益高于一切，全力推动抗日民族统一战线的形成。无论是在北上抗日的漫漫征途上，还是在敌后游击的枪林弹雨中，每一个革命者共同的坚持，是救国救民的坚定信念，是为了实现全国人民和中华民族的根本利益。

一、从北上抗日到浴血坚持

1934年夏，日本帝国主义进一步扩大对华北的侵略，对中央苏区进行第五次大规模“围剿”的国民党军正以重兵向苏区腹地进攻。在此形势下，中共中央和中央革命军事委员会决定，以红七军团组成中国工农红军北上抗日先遣队，立即向闽、浙、皖、赣边出动，宣传中国共产党的抗日主张，以推动全国抗日救亡运动的发展，同时调动与牵制国民党军“围剿”中央苏区的兵力，减轻中央苏区的压力。

红军北上抗日先遣队下辖3个师，共6000余人。寻淮洲任军团长，乐少华任政治委员，曾洪易（后叛变）为中共中央随军代表。1934年7月6日晚，北上抗日先遣队从江西瑞金出发，经福建长汀、大田、尤溪、谷口、水口，直逼福州近郊。福建国民党当局十分震惊，迅即调集重兵进行追击和堵截。北上抗日先遣队且战且走，先向闽东转移，相继攻克罗源县城、穆阳镇和庆元县城；后于9月初进入闽北苏区东北古楼一带游击区；接着向浙西挺进，先后攻占清湖、常山等城；继而转向皖赣边行动，于10月下旬进至闽浙赣苏区，在德兴县重溪与红十军会合。11月4日，红七军团与红十军合编为红十军团，继续担负抗日先遣队的任务。刘畴西任军团长，乐少华任政治委员，红七军团编为第十九师，红十军和地方部队编为第二十、第二十一师。这时，中共中央已率中央红军主力撤离中央苏区，进行战略转移，红十军团改由在中央苏区坚持斗争的中央军区指挥。11月中旬，第十九师向浙皖赣边进发。11月18日，中央军区鉴于国民党军对闽浙赣苏区的“围剿”日趋严重，决定红十军团率第二十、第二十一师转到外线作战，会同第十九师在开化、遂安、衢县、常山地区活动，创建浙皖边根据地。并组成以方志敏为主席的军政委员会，领导红十军团的行动。

11 月下旬，红十军团主力向浙皖边前进，12 月 10 日在皖南汤口地区同第十九师会合。这时，国民党军分南北两路向汤口进逼。14 日，红十军团利用乌泥关至谭家桥段公路两侧有利地形进行伏击，战斗失利，第十九师师长寻淮洲负伤后牺牲。随后，国民党军 1 个师、2 个旅及一些地方团防部队共约 20 个团的兵力蜂拥追来。12 月下旬至次年 1 月上旬，

◆ 中国工农红军北上抗日先遣队纪念碑

红十军团为摆脱敌军，艰苦转战于皖南地区，进行大小战斗10余次，损失严重。1935年1月中旬，向闽浙赣苏区转移。进至德兴县港头村时，遭国民党军绝对优势兵力袭击，部队被截成两段，主力约2000人，被合围于怀玉山地区。经7昼夜顽强战斗，指战员大部牺牲，方志敏、刘畴西在突围中被俘，后于南昌英勇就义。先头部队1000余人在参谋长粟裕、政治部主任刘英率领下，突过封锁线进入闽浙赣苏区，经过整编，组成500余人的红军挺进师。此后，挺进师在师长粟裕、政治委员刘英率领下，转战至浙南，开辟了浙南游击区，坚持游击战争。

红军北上抗日先遣队虽遭失败，但扩大了共产党和红军的影响，推动了群众性抗日救亡运动的发展，配合了中央红军的战略转移。北上抗日先遣队余部浴血坚持游击战，最终成为新四军一部，奔赴抗日前线。

二、北上抗日第二先遣队陕北奠基

中央红军长征之后，红二十五军也按照中共中央、中革军委的指示，于1934年11月16日从何家冲出发，离开鄂豫皖苏区，开始战略转移。

同时，红二十五军发布了《中国工农红军北上抗日第二先遣队出发宣言》，宣言揭露了国民党蒋介石的卖国政策，宣传共产党的抗日主张，号召全国同胞不分政治倾向，团结起来一致抗日。11月17日，红二十五军在朱堂店突破敌人阻拦，当晚从信阳以南东双河至柳林间越过平汉铁路，经青石桥、黄龙寺、月河店、金桥等地进入鄂豫边界之桐柏山区。

红二十五军进入桐柏山区之后，中共鄂豫皖省委鉴于该区靠近平汉铁路和汉水，回旋范围狭小，难以建立苏区，遂决定向豫西伏牛山区转移。为了隐蔽意图，迷惑和调动敌人，红二十五军继续西进，并派少数部队佯攻枣阳县城。当各路敌军纷纷向枣阳进逼时，红军突然掉头向东，转向东北，并在保安寨和桐柏县歇马岭一带连续击退敌人的阻拦，绕道泌阳城东，经马谷田、贾楼等地北进。

11 月 26 日，红二十五军准备越过许（昌）南（阳）公路，进入伏牛山区。这一天适逢寒流，气温骤降，冷风刺骨，风雪交加。战士们衣服单薄，忍受着饥寒在风雪中连续急行军，已很疲劳。下午一时，部队在方城县独树镇附近通过公路时，突然遭到国民党军第四十军第一一五旅和骑兵团的堵截。

由于能见度差，发现敌人较迟，部队仓促应战，陷入被动。敌人乘机发起冲击，并从两翼包围。就在这十分危急的时刻，政治委员吴焕先抢到军前，手举大刀高呼：“共产党员们，跟我来！”在他的带领下，部队冒着敌人密集的火力，冲上前去，与敌人展开白刃搏斗。正在力寡难支之际，副军长徐海东带领后梯队跑步赶到，经过一番恶战，终于打退了敌人的进攻。当晚，红二十五军趁风雨夜暗，突出重围，绕道急行，经叶县保安镇以北地区，穿过许（昌）南（阳）公路，27 日拂晓进抵伏牛山区东麓。红二十五军在拐河镇附近的澧河两岸打退国民党军的追堵，甩掉了敌人。在独树镇战斗中，红军在地势平坦、气候恶劣的条件下，以不足3000人的兵力挫败了国民党军步骑兵的合击，转危为安，这是红二十五军战略转移中的关键性一仗。

红二十五军进入伏牛山区后，发现该区反动统治较严，地主围寨又多，群众被围在寨子里不便接近，加之国民党军跟踪而至，在这里建立苏区比较困难。于是，中共鄂豫皖省委决定向陕南转移。

12月4日，红军进到卢氏县叫河镇，发现国民党军第六十师在卢氏县城以南的下城子、朱阳关、黄沙镇一带构筑工事，企图堵歼红军。红二十五军在敌军前堵后追的情况下，决定以一部兵力进到朱阳关以东15里处活动，虚张声势，迷惑敌人。主力则在当地群众的帮助下，从朱阳关以北35里处，沿着一条小山沟直插卢氏县城。当晚，经卢氏县城南与洛河之间的隘路西去，顺利通过敌人堵击线。

◆ 红二十五军独树镇战斗遗址碑

12月8日，经陕西省雒南县铁锁关，红二十五军进入陕西东南部。当日下午，红二十五军在雒南县三要司歼国民党陕军第四十二师一个营。9日，红二十五军进至庾家河。

12月10日，中共鄂豫皖省委在庾家河召开常委会议，研究在鄂豫陕边建立苏区问题，并决定将鄂豫皖省委改为鄂豫陕省委。这时，国民党军第六十师突然袭来。经过激战，终将敌人打垮，歼敌300余人，残敌向卢氏方向逃去。红二十五军抓住有利时机，广泛发动群众，很快就开辟了鄂豫陕苏区。

得知中央红军和红四方面军在川西会师后，红二十五军决定西征北上，并留下部分红军坚持游击战争。1935年7月16日，红二十五军从长安县沣峪口出发，离开鄂豫陕苏区，踏上了继续长征之路，并提出了“迎接党中央”“与中央红军会师”的口号。红二十五军的行动，有力地吸引和钳制了大批敌人，打乱了蒋介石的部署，策应了中央红军在川西的行动。8月中旬至下旬，红二十五军为进一步钳制敌人，在隆德、平凉、崇信、灵台、泾川、华亭等地活动，在战略上配合了中央红军的北上行动。

红二十五军在陇东地区与敌人周旋。由于孤军作战，加之一时难以与中央红军取得联系，红二十五军决定先争取陕甘苏区的巩固，再配合中央红军北上。9月15日，红二十五军强渡泾河，经镇原、庆阳等县，在延川县永坪镇与刘志丹等领导的陕甘红军胜利会师。至此，红二十五军在与党中央失去联系、势单力薄的情况下，孤军奋战北上，历时 10 个月，转战万余里，不仅成为第一支到达陕北的红军，还成功创建了鄂豫陕苏区。

是什么力量，让这支队伍在极其困难的条件下前行万里不迷失航向，让这支看似弱小的队伍越来越壮大？信仰的引领，让一切艰险皆成淬炼，一切磨难皆成锻造。正是有了对革命事业的忠贞不渝，对共产主义的坚定追随，红二十五军才能战胜一切艰难险阻，创造人间奇迹。

三、推动抗日民族统一战线形成

日军侵占东北后，加紧了对中国的进一步侵略扩张，在华北制造了一系列事件，使中华民族陷入了空前的民族危机。1935 年七八月间，共产国际第七次代表大会在莫斯科召开。大会强调，应在无产阶级统一战线的基础上建立广泛的反法西斯人民战线。在共产国际新政策的影响下，中共驻共产国际代表团结合国内迫切的形势，适时地调整了自己的政策。8 月 1 日，中国共产党顺应时代的要求，适时地提出了建立抗日民族统一战线的主张，并以中华苏维埃共和国中央政府和中国共产党中央委员会的名义发表《八一宣言》。

《八一宣言》揭露了日本加紧侵吞华北和国民政府对日妥协的面目，指出中华民族已处在生死存亡的关头，抗日救国是全体中国人面临的首要任务。《八一宣言》建议一切愿意参加抗日救国的党派、团体、名流学者、政治家和地方军政机关共同成立国防政府，在国防政府领导下，一切抗日军队组成统一的抗日联军。中华苏维埃共和国政府和中国共产党愿意做国防政府的发起人，工农红军首先加入抗日联军，以尽抗日救国的天职。

《八一宣言》的发表，标志着中国共产党建立抗日民族统一战线的策略基本形成。在实践上，它获得了全国人民的热烈支持，在国民党统治区发生了巨大政治影响，有力地鼓舞和推动了抗日救亡运动的发展。

12月，中共中央在陕西安定瓦窑堡召开了政治局会议（即瓦窑堡会议）。会议通过了以《八一宣言》具体内容和政治主张为基础的《中共

◆ 瓦窑堡革命旧址

中央关于目前政治形势与党的任务决议》。决议指出，党的策略路线是发动、团结与组织全中国全民族一切革命力量去反对当前主要的敌人——日本帝国主义与蒋介石。瓦窑堡会议结束后，毛泽东根据会议精神于12月27日在党的活动分子会议上作了《论反对日本帝国主义的策略》的报告，进一步阐明了中共抗日民族统一战线的策略思想。《八一宣言》、瓦窑堡会议决议和毛泽东作的《论反对日本帝国主义的策略》报告，是一个互相联系的整体，它们使党的抗日民族统一战线的理论系统化，给中国人民反对日本帝国主义的斗争指明了方向。

国民党开明将领张学良、杨虎城、陈济棠、李宗仁、白崇禧等在《八一宣言》发表后对中国共产党的政治主张表示赞同。从1935年年底开始，蒋介石便从国内国外两个途径与中国共产党接触，1936年1月，国共两党派出代表在南京进行非正式谈判。不久，双方进入正式谈判阶段，就建立抗日民族统一战线、成立国防政府、国防军等具体问题进行交涉。1937年七七事变后，国共两党实现合作，共同抗日。

理想信念的伟大远征启示我们：心中有信仰，脚下有力量；没有牢不可破的理想信念，没有崇高理想信念的有力支撑，要取得红军长征胜利是不可想象的。在新的长征路上，我们一定要坚定理想信念，不论时代如何变化，不论条件如何变化，都风雨如磐不动摇，自觉做共产主义远大理想和中国特色社会主义共同理想的坚定信仰者、忠实实践者；深入学习马克思列宁主义、毛泽东思想、邓小平理论、“三个代表”重要思想、科学发展观、习近平新时代中国特色社会主义思想，坚持学而信、学而思、学而行，把学习成果转化为不可撼动的理想信念，用理想之光照亮奋斗之路，用信仰之力开创美好未来。

第三章

JIANYAN ZHENLI DE WEIDA YUANZHENG

检验真理的伟大远征

真理只有在实践中才能得到检验，真理只有在实践中才能得到确立，红军长征就是一次检验真理的伟大远征。在这一次伟大远征中，红军面临着凶恶残暴的追兵阻敌，面临着严酷恶劣的自然环境，还面临着同党内错误思想的激烈斗争；毛泽东、周恩来、朱德等党和红军的领导胸怀全局，努力营造团结氛围，红军官兵之间、军民之间、各路红军之间，实现了革命的大团结。经过长征的千锤百炼，中国共产党在思想上不断成熟，成为中国人民进行抗日战争的中流砥柱，成为中国革命赢得最后胜利的中坚力量。红军长征的胜利，实现了在追求真理、坚持真理的基础上全党的空前团结、红军的空前团结。此后，每一次重要行动和战役战斗的胜利，都把中国革命引向更大的胜利。

第一节

战胜“左”倾错误思想

红军长征之所以取得胜利，不仅是因为英勇的红军将士敢于挑战残酷的环境，更是因为逐步成熟的党敢于对错误路线进行纠正，胜利是坚持独立自主、实事求是的结果。第五次反“围剿”的失利，使中国革命形势又一次跌入低谷，中国共产党再次遭遇生死存亡的严峻考验。红军长征后，推行“左”倾错误方针的中共中央领导人又犯了退却中的逃跑主义错误，使红军遭受重大损失。特别是湘江战役后，中央红军和中央机关人员由长征出发时的 8.6 万余人锐减至 3 万余人。血的事实和惨痛教训，唤醒了广大红军将士。只有改变“左”倾错误指挥，红军才能变被动为主动，长征才能胜利。长征途中，中国共产党不仅翻越了千山万水，而且翻越了把马克思主义当作一成不变的教条的错误思想障碍。

一、担架上的谋略

1934年10月初，毛泽东从中央政治局常委张闻天那里得知政治局委员要分散到各军团随军行动的消息后，立刻向中革军委提出意见，在转移时将他和张闻天、王稼祥安排在一起，不要分散到各军团。毛泽东的这条意见，获得了中革军委的批准。

此时，毛泽东因经受了几个月疟疾的折磨，差点丢掉性命，加上受排挤后心情不好，以及对红军的前途忧心忡忡，身体非常虚弱。因此，过了于都河，他不得不坐上了担架。凑巧的是，王稼祥因在第四次反"围剿"战争中遭敌机轰炸，右腹部伤势十分严重。长征一开始，他也坐在了担架上。

长征开始后，毛泽东就同张闻天、王稼祥一起行军，讨论第五次反"围剿"为什么不能取胜。一路上，他们认真分析了自第五次反"围剿"以来在苏区所发生的事情以及长征途中的情况，特别是广昌保卫战惨败的教训。王稼祥不无忧虑地对毛泽东说："中国革命的道路不能再这样走下去了，这样下去是不行的。"毛泽东对此也是心急如焚，他虽然失去了参与谋划军事的权力，却仍然不时地提出自己对行军路线的建议。

湘江战役后，毛泽东在行军途中，又和同行的张闻天、王稼祥一起分析第五次反"围剿"的军事指挥错误，认为红军已经不能按原计划同红二、红六军团会合了。张闻天在延安整风时写道："长征出发后，我同毛泽东、王稼祥二同志住一起。毛泽东同志开始对我们解释反五次'围剿’中中央过去在军事领导上的错误，我很快的接受了他的意见，并且在政治局内开始了反对李德、博古的斗争，一直到遵义会议。”①

12 月 11 日，中央红军沿着湘江西岸越城岭、老山界进入湖南通道。第二天，中共中央负责人在通道城恭城书院举行临时紧急会议，参加人有博古、周恩来、张闻天、毛泽东、王稼祥和李德等。会议由周恩来召集，讨论战略行动方针问题。李德、博古不顾已经变化了的客观情况，仍坚持去湘西同红二、红六军团会合的计划。毛泽东不同意李德的意见，他根据破译敌台的电报材料指出，国民党军队正在以五六倍于红军的兵

◆ 通道转兵纪念馆

① 中共中央党史资料征集委员会、中央档案馆编《遵义会议文献》，人民出版社，1985，第 79 页。

力构筑起四道防御碉堡线，张网以待，“请君入瓮”！红军主力现在北上湘西，将会陷入敌军重围，后果不堪设想，他建议改向敌军力量薄弱的贵州西进。王稼祥、张闻天在发言中支持毛泽东的主张，周恩来等也赞同这个主张。博古不再固执己见，李德因为自己的意见被否定而提早退出会场。会议根据大多数人的意见，通过了西进贵州的主张。通道会议以后，中央红军分左、右两路经通道进入贵州黎平县境。

12 月 18 日，毛泽东在贵州黎平城出席中共中央政治局会议。会议由周恩来主持，继续讨论红军战略行动方向问题。博古又提出由黔东北上湘西，同红二、红六军团会合；李德因病没有出席，但托人把他坚持同红二、红六军团会合的意见带到会上。毛泽东主张继续向贵州西北进军，在川黔边敌军力量薄弱的地区建立新根据地。王稼祥、张闻天支持毛泽东的主张。会议经过激烈争论，接受毛泽东的意见，并通过根据他的发言写成的《中央政治局关于战略方针之决定》，提出向遵义挺进的主张。同时，中革军委决定，军委第一、第二野战纵队合并为军委纵队。

1935 年 1 月 1 日，毛泽东出席中共中央在猴场召开的政治局会议，重申红军应在川黔边地区先以遵义为中心建立新根据地的主张。多数与会同志赞同这个意见，再次否定了李德、博古提出的“完全可以在乌江南岸建立一个临时根据地，再徐图进军湘西，与红二、六军团会合”错误主张，决定红军立刻抢渡乌江，攻占遵义。会议通过的《中央政治局关于渡江后新的行动方针的决定》，实际上取消了以往李德独断专行的军事指挥权。同时，刘伯承被任命为红军总参谋长。

王稼祥向毛泽东提出了召开中央政治局扩大会议的意见。毛泽东认为这是一个好主意，建议他先同张闻天通气。张闻天也同意王稼祥把李德、博古“轰下来”的意见，并说：毛泽东同志打仗有办法，比我们有办法，我们是领导不了啦，还是要毛泽东同志出来。于是，遵义会议进行人事变动的核心内容就这么定下来了。

二、立下头功的“反报告”

1935 年 1 月 1 日，红军强渡乌江取得胜利。1 月 2 日至 6 日，中央红军全部渡过乌江，向以遵义为中心的黔北地区挺进。中央红军突破乌江后，1 月 7 日解放了黔北重镇遵义城。1 月 9 日下午，毛泽东、周恩来、朱德等随军委纵队进入遵义城。

这时，蒋介石得到空军的侦察报告，说红军进驻遵义地区后方向不明，于是批准了“追剿军总指挥”薛岳的请求，令第一纵队吴奇伟部集结贵阳、清镇一带整训待命，第二纵队周浑元部在乌江南岸对遵义方向警戒。这在客观上为中央红军的休整提供了条件。

毛泽东、王稼祥等向中共中央提出，立即准备召开政治局扩大会议。对这次会议，伍修权这样回忆说：“这时王稼祥、张闻天同志就通知博古同志，要他准备在会议上作关于第五次反‘围剿’的总结报告，通知周恩来同志准备一个关于军事问题的副报告。”[①] 毛泽东、张闻天、王稼祥也认真准备发言。经过共同讨论，由张闻天执笔写出一个反对“左”倾教条主义军事路线的报告提纲。毛泽东过去在开会时一般都是即席发言，这次也写出一个详细发言提纲。博古意识到这次会上必有一场争论，事前进行了活动。中央政治局候补委员凯丰曾多次找聂荣臻谈话，要他在会上发言支持博古，聂荣臻没有答应。

1 月 15 日至 17 日，中共中央政治局扩大会议在遵义城红军总司令部召开。会议的主要议题是“检阅在反对五次‘围剿’中与西征中军事指挥上的经验与教训”。博古主持会议，并作了关于第五次反“围剿”的总结报告。他对军事指挥上的错误作了一些检讨，但主要还是强调种种客观原因。周恩来作副报告，提出第五次反“围剿”失利主要原因是军事领导的错误，并主动承担了责任。

随后，张闻天根据他和毛泽东、王稼祥共同草拟的提纲作反对“左”倾军事路线的报告。他的发言，从现象到本质，从事实到理论，逻辑严谨，措辞激烈，从而有力地批评了博古、李德的错误指挥，为遵义会议彻底否定单纯防御军事路线定下了基调。同时，张闻天首先站出来作这个“反报告”，也是他从“左”倾中央领导集团中分化出来，同“左”倾错误路线决裂的标志。张闻天的发言，“是批评博古的，因此被后人称为

① 中共中央党史资料征集委员会、中央档案馆编《遵义会议文献》，人民出版社，1985，第 114 页。

‘反报告’”[1]。

1935年二三月间，在从威信到鸭溪的行军途中，陈云撰写了《遵义政治局扩大会议传达提纲》手稿，其中对遵义会议讨论的概况作了如下简要的述评：“扩大会中恩来同志及其他同志完全同意洛甫及毛王的提纲和意见，博古同志没有完全彻底的承认自己的错误，凯丰同志不同意毛张王的意见。”[2]

从中不难看出，张闻天的“反报告”是遵义会议上的主导意见，得到了除博古、凯丰及李德以外的其他同志的“完全同意”。也就是说，“洛甫及毛王的提纲和意见”代表了中共中央政治局多数同志和各军团首长的共同意见。

张闻天根据毛泽东的发言内容起草了《中央关于反对敌人五次“围剿”的总结的决议》，经政治局通过后印发各支部。决议指出，军事上的单纯防御路线，是我们不能粉碎敌人五次“围剿”的主要原因；同时，充分肯定了毛泽东在历次反“围剿”战争中总结的符合中国革命战争规律的积极防御的战略战术原则。

1945年6月，毛泽东在《关于第七届候补中央委员选举问题》中说：“如果没有洛甫、王稼祥两位同志从第三次‘左’倾路线分化出来，

① 伍修权：《回忆与怀念》，中共中央党校出版社，1991，第122页。

② 中共中央党史资料征集委员会、中央档案馆编《遵义会议文献》，人民出版社，1985，第42页。

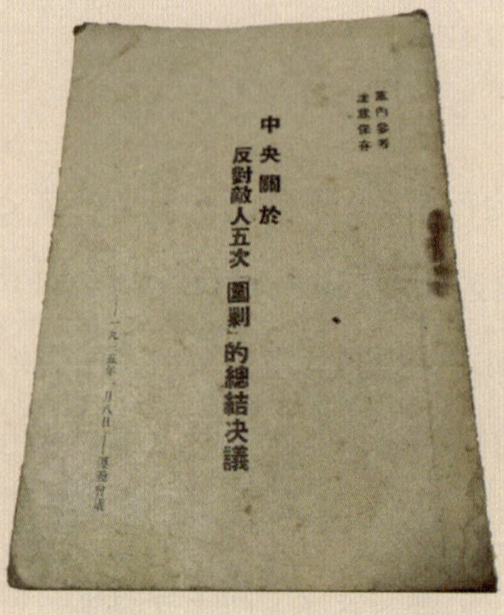

◆《中央关于反对敌人五次“围剿”的总结的决议》

就不可能开好遵义会议。同志们把好的账放在我的名下，但绝不能忘记他们两个人。当然，遵义会议参加者还有好多别的同志，酝酿也很久，没有那些同志参加和赞成，光他们两个人也不行；但是，他们两个人是从第三次‘左’倾路线分化出来的，作用很大。”① 可以说，没有张闻天的坦荡和仗义执言，没有他为了党的利益一无所惜、除了党的利益一无所求的胸襟，或将没有遵义会议的胜利召开。

“反报告”为遵义会议彻底否定“左”倾军事路线做了很好的铺垫，也为毛泽东的发言奠定了基础，从而立下头功，永留史册。

① 毛泽东:《关于第七届候补中央委员选举问题》(1945 年 6 月 10 日)，载中共中央文献研究室编《毛泽东在七大的报告和讲话集》，中央文献出版社，1995，第 231 页。

三、只有改变错误领导，革命才能成功

湘江战役后，红军向何处去？对此，周恩来开始有新的思考。在通道会议上，周恩来同毛泽东站在一起。会议决定红军向贵州前进，相机进占黎平。针对红军今后战略方向的问题，黎平会议展开了激烈争论。主持会议的周恩来采纳了毛泽东的意见。他后来回忆说：“从湘桂黔交界处，毛主席、稼祥、洛甫即批评军事路线，一路开会争论。从老山界到黎平，在黎平争论尤其激烈。这时李德主张折入黔东。这也是非常错误的，是要陷入蒋介石的罗网。毛主席主张到川黔边建立川黔根据地。我决定采取毛主席的意见，循二方面军原路西进渡乌江北上。李德因争论失败大怒。”①

1935 年 1 月初，红军占领遵义。王稼祥和毛泽东商议后，由周恩来出面提议召开遵义会议。在遵义会议上，周恩来作了关于第五次反“围剿”军事问题的副报告。他以中革军委负责人的身份，重点分析了第五次反“围剿”中在军事领导上的战略战术错误，并主动承担责任，同时批评了博古和李德。他在报告中指出，第五次反“围剿”中在军事指挥上，他执行了博古、李德的错误主张，但他也同李德进行过多次争论，不同意李德的某些军事主张和作战方案。从中央苏区开始的争论，使周恩来逐步认识到李德的“瞎指挥”和毛泽东的正确主张。周恩来后来说，

---

① 吴德坤主编《遵义会议资料汇编》，中央文献出版社，2009，第 56 页。

在这些争论后，“我对军事错误开始有些认识。军事指挥与以前也不同，接受毛主席的意见，对前方只指出大方向，使能机动。因此遵义会议上我与博古的态度有区别”①。

作为遵义会议的组织者之一，周恩来还是中央政治局常委、中革军委副主席、红军总政治委员，以及“最高三人团”成员之一。他的决心和态度，成为开好遵义会议的一个关键性因素。对此，他表示，只有改变错误的领导，红军才有希望，革命才能成功。他在发言中，全力推举毛泽东来领导红军的今后行动。他的倡议得到多数人的支持。聂荣臻后来回忆：“王稼祥等同志主张请毛泽东同志出来领导。周恩来同志从长期的实践中，已经认识到毛泽东同志的见解是正确的，也赞成毛泽东同志出来领导，并且在会前就排斥了李德在军事上的指挥权。周恩来、王稼祥同志的态度，对开好遵义会议起了关键的作用。”②

关于遵义会议的作用，周恩来曾这样说过：“在这个万分困难的危机时刻，毛主席扭转了航向，使革命开始走向胜利，对我们党的发展起了决定性的作用。”③

---

① 中共中央党史资料征集委员会、中央档案馆编《遵义会议文献》，人民出版社，1985，第 64 页。

② 聂荣臻：《红一方面军的长征》，载中国工农红军长征史料丛书编审委员会编《中国工农红军长征史料丛书·回忆史料（1）》，解放军出版社，2016，第 95 页。

③ 周恩来：《对文艺、出版、宣传工作的意见》（1971 年 5 月 30、31 日），载中共中央文献研究室编《周恩来文化文选》，中央文献出版社，1998，第 79 页。

四、遵义会议上的“关键的一票”

经过一系列的酝酿和准备，特别是在通道会议、黎平会议、猴场会议之后，毛泽东的正确主张逐步取得了中央多数同志的拥护。

1935年1月，中央红军攻占遵义，获得了暂时休养的时机。1月中旬，遵义会议召开。王稼祥是召开遵义会议的积极倡导者，并作为中央政治局候补委员出席了会议。

王稼祥在发言中旗帜鲜明地支持毛泽东的发言和张闻天的“反报告”，批评博古、李德军事指挥的错误，提出由毛泽东出来指挥红军。因此，后来毛泽东说遵义会议王稼祥投了“关键的一票”。

在遵义会议上，毛泽东、张闻天、王稼祥的正确主张得到了周恩来等参加会议的绝大多数同志的完全同意，成为遵义会议决议的基础。王稼祥在遵义会议上积极支持以毛泽东为代表的正确意见发挥了重要作用。多年后，王稼祥回忆遵义会议时说：“我是带着伤发着烧参加会议的。毛泽东同志发言完后，我紧接着发言。我首先表示拥护毛泽东同志的观点，并指出了博古、李德等在军事指挥上的一系列严重错误，尖锐地批判了他们的单纯防御的指导思想，为了扭转当前不利局势，提议请毛泽东同志出来指挥红军部队。”① 伍修权也曾说：“客观地讲，促成遵义会议的召

① 《王稼祥同志谈遵义会议》，载中国工农红军长征史料丛书编审委员会编《中国工农红军长征史料丛书·回忆史料（2）》，解放军出版社，2016，第19页。

◆ 遵义会议旧址

开，起第一位作用的是王稼祥同志。”毛泽东多次讲过王稼祥对遵义会议的贡献。当王稼祥在“文化大革命”期间遭到林彪、江青反革命集团诬陷、迫害时，毛泽东多次说，王稼祥在党的历史上是有功劳的，他在遵义会议上投了“关键的一票”。

王稼祥对自己只讲过，不讲功。胡耀邦高度评价他说：“作为我们党的一位卓越的革命家，稼祥同志在品德和性格方面，有许多突出的特点。他从不显露自己，从不向人谈论他的历史，连非常熟悉他的同志，也往往弄不清楚关键时期他对党的重大贡献。”[①] 王稼祥的夫人朱仲丽也说：“一九六三年我的一个亲戚去遵义参观回来对我说：遵义会议纪念馆的讲解员，介绍遵义会议的情况时提到了王稼祥在关键时刻起到了作用。当

① 胡耀邦：《深切地纪念王稼祥同志（代序）》，载《王稼祥选集》编辑组编《回忆王稼祥》，人民出版社，1985，第 3—4 页。

时我把它当为新闻去问稼祥。他正在看书，抬头答应了一声，就又继续低头看他的书了。‘文革’中，我替他抄写自述材料，只提一句：‘在遵义会议上，我是支持毛泽东同志的’。……稼祥去世之后，我有机会同伍修权同志谈及会议上的详细情况，才算是始末大致弄清。”①

正是王稼祥这“关键的一票”，在历史的重要关头起了关键性的作用。

① 朱仲丽：《忆稼祥》，载《王稼祥选集》编辑组编《回忆王稼祥》，人民出版社，1985，第222—223页。

第二节

第一代中央领导集体开始形成

中国共产党的领导是党和人民事业成功的根本保证。长征途中，中共中央召开的遵义会议，是中国共产党历史上一个生死攸关的转折点。这次会议事实上确立了毛泽东在红军和中共中央的领导地位，开始确立了以毛泽东为主要代表的马克思主义正确路线在中共中央的领导地位，开始形成以毛泽东为核心的党的第一代中央领导集体，这是中国共产党和革命事业转危为安、不断打开新局面最重要的保证。正是有了以毛泽东为主要代表的共产党人领导中国人民走上了马克思主义与中国实际结合的正确道路，开始独立自主地解决中国革命重大问题，中国共产党才能够制定并实行正确的政治路线和军事路线，并成为凝聚各族人民并领导中国革命从胜利走向胜利的核心力量。

一、三人军事指挥小组

遵义会议集中全力解决了当时具有决定意义的军事问题，并在组织上作了部分的调整。会议还决定："取消三人团，仍由最高军事首长朱周为军事指挥者，而恩来同志是党内委托的对于指挥军事上下最后决心的负责者。"[①] 会后，中央政治局常委即根据会议决定进行适当分工，"以泽东同志为恩来同志的军事指挥上的帮助者"。

遵义会议后，中央政治局和军委制定的"渡江作战""赤化全川""以川滇黔边为发展地区""以黔北为主要活动地区"等一系列战略

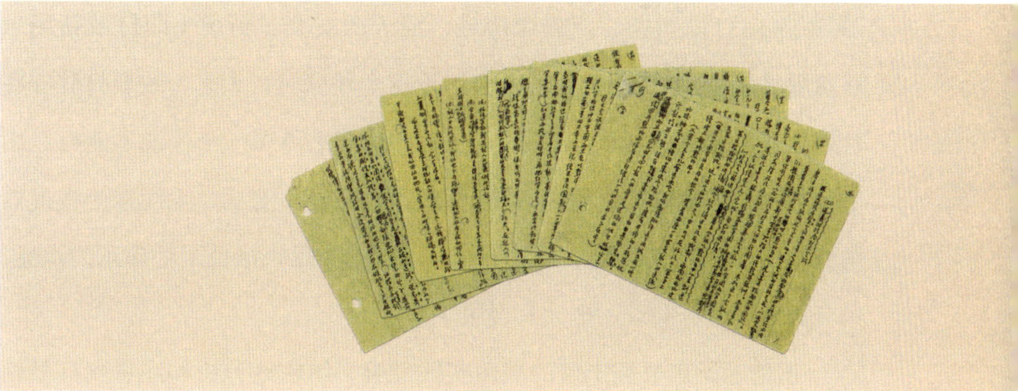

◆ 《遵义政治局扩大会议传达提纲》

① 陈云：《遵义政治局扩大会议传达提纲》（1935 年 2 月或 3 月），载中国工农红军长征史料丛书编审委员会编《中国工农红军长征史料丛书 · 文献（2）》，解放军出版社，2016，第 29 页。

方针和战役计划中，屡屡出现“决战”“反攻”等忽视敌我实力的非实事求是的思想痕迹。正如陈云在遵义战役后向中央纵队传达遵义会议情况时所指出的：“如果今天来观察这个决定，我们应该批评这个决议只在一些比较抽象的条件上来决定根据地，没有具体的了解与估计敌情与可能，没有讲求达到这个目的具体步骤。而且个别同志对于四川敌人的兵力是过低的估计的，后来由威信回兵黔北而没有达到渡江入川的目的，亦正在此。”[①] 可见，要在实践中纠正“左”倾冒险主义军事指导思想，确立符合实际的正确指导思想，并非易事，要有一个艰苦曲折的过程。

1935 年 3 月 10 日凌晨 1 时，红一军团林彪等发电报给军委，建议：“野战军向打鼓新场、三重堰前进，消灭西安寨、新场（即打鼓新场）、三重堰之敌。”中央负责同志开会讨论这个建议时，大家一致要打驻守在打鼓新场的敌人，硬要去攻那个堡垒，只有毛泽东一个人说不能打。由于“大家一致通过”，“主席那个时候只好服从”。会后，毛泽东半夜提着马灯找周恩来，叫他把命令暂时晚一点发。周恩来接受了毛泽东的意见，第二天一早再开会议，把大家说服了。

正是毛泽东根据丰富的战争实践经验，缜密地分析和注意到打鼓新场四周不仅有周浑元、吴奇伟两个纵队，而且还有孙渡的 4 个旅，如果

① 陈云：《遵义政治局扩大会议传达提纲》（1935 年 2 月或 3 月），载中国工农红军长征史料丛书编审委员会编《中国工农红军长征史料丛书·文献（2）》，解放军出版社，2016，第 24 页。

红军对驻守打鼓新场的黔军实施攻击，那么面临的敌军将不只是黔军，而是蒋介石在黔的全部兵力，进攻一开始就将有迅速被敌人围困的危险。毛泽东以革命利益为重，又一次挺身而出，及时制止了这个几乎葬送整个中央红军的冒险计划，再次挽救了红军。3 月 11 日，军委在苟坝向红一、红三、红五军团发出《关于我军不进攻新场的指令》的电报，调回正向打鼓新场行进的部队。

这时红军创建新根据地的计划尚未实现，为了认真对待瞬息万变的战争情况，急需有一个权威的、成熟的军事指挥领导核心，来保证毛泽东实施正确的军事指挥，同时也可以减少战争环境中频繁的会议。1935 年 3 月中旬，中共中央政治局会议决定，成立由毛泽东、周恩来、王稼祥组成的三人军事指挥小组（又称新“三人团”），集中领导军事，加强作战统一指挥。

三人军事指挥小组成为红军长征途中全党全军最重要的领导机构。1967 年，毛泽东在一次谈话中谈及此事时说：“后来搞了个三人团，团长是周恩来，团员一个是我，一个是王稼祥。”1972 年，周恩来对此回忆说：“这样毛主席才说，既然如此，不能像过去那么多人集体指挥，还是成立一个几人小组，由毛主席、王稼祥和我，三人小组指挥作战。”[①]

三人军事指挥小组成立后，中央红军长征的军事行动就在毛泽东战

① 吴德坤主编《遵义会议资料汇编》，中央文献出版社，2009，第 60 页。

略战术思想的指挥下进行。红军迅速向西北方向开进，三渡赤水河，寻求新的机动。蒋介石以为红军又要北渡长江，急调重兵增强长江防线，并且继续堵截红军，妄图歼灭红军于长江以南。正当敌人调兵遣将之际，毛泽东预判了敌军行动，指挥红军主力突然回师东进，与正在赤水河北移动的敌军背道而行，于二郎滩、太平渡等渡口四渡赤水河，然后掉头南下，南渡乌江。敌军主力远在江北，红军一部威逼蒋介石坐镇的贵阳，蒋介石急令滇军驰援。滇军东下，云南空虚。红军乘虚西进，连克惠水、长顺、紫云，胜利渡过北盘江，威逼昆明。云南军阀龙云惊恐万状，慌忙收罗民团以死守昆明。红军则绕过昆明，向川西南前进。1935 年 5 月初，红军在皎平渡胜利渡过金沙江，完全摆脱了几十万敌军的围追堵截，实现了遵义会议决定渡江北上的伟大战略部署。

中央红军在两个多月的艰苦转战中，纵横驰骋于数十万敌军的重重包围之中，运用灵活机动的战略战术，声东击西，迷惑调动敌人，完全扭转了过去被动挨打的局面，彻底打乱了蒋介石的反革命部署。这一光辉胜利，体现了红军在毛泽东军事思想指导下的巨大威力。

二、统一思想维护团结

遵义会议后，中央红军在毛泽东等指挥下，扭转了被动局面，突破了数十万敌军的重围，顺利渡过金沙江，于 1935 年 5 月上旬到达四川会理地区。由于连续机动作战，与敌军周旋，部队官兵十分疲劳，特别是土城、鲁班等战斗没有打好，导致基层部队出现了怨言。这种情绪在红军领导层中有所反映，林彪就是较为突出的一个。他埋怨说，我们尽走“弓背路”，要求走“弓弦”，走捷径。同时，由于土城战役没有打好，党内的教条主义者与宗派主义者对毛泽东在遵义会议后指挥红军机动作战不服气，认为狭隘经验派指挥作战也不行。这就是召开会理会议的背景。

张闻天夫人刘英回忆召开会理会议的原因时说：

> 四渡赤水，佯攻昆明，巧渡金沙江，迂回穿插，打得十分主动，牵着蒋介石的鼻子走，红军跳出了包围圈。实践证明毛主席的指挥是正确的，而且完全称得上是英明的。毛主席自己也说：四渡赤水是他一生中的“得意之笔”。

◆ 会理会议纪念碑

但是，在当时，毛主席既没有后来那样的绝对权威，大家对毛主席的战略思想也还没有完全领会，所以上上下下虽然服从命令听指挥，但对四渡赤水这一段也有不同意见，主要是围绕着走路还是打仗。

在三人小组里，稼祥对毛主席的办法就有意见。他向闻天反映，说老打圈圈不打仗，可不是办法。稼祥要求开会讨论这个问题。军队里意见也不少，说只走路不打仗，部队没有打垮倒要拖垮了。闻天到三军团去，德怀同志把部队的情绪向闻天说了。闻天作风是很民主的，他说，有意见拿到会上讨论。一军团林彪还给三人小组写信，请彭德怀任前敌指挥。

到了会理，闻天和毛主席商议后就召集会议。①

为了进一步统一党和红军领导人思想，1935年5月12日，中共中央政治局在四川省会理县城郊铁厂召开扩大会议。朱德、周恩来、张闻天、毛泽东、陈云、博古、王稼祥、彭德怀、林彪、聂荣臻、杨尚昆等参加会议。张闻天在会上作了有关形势的报告，并作了自我批评。毛泽东总结了红军四渡赤水、抢渡金沙江的胜利经验，阐明了运动战略正确思想，对林彪意见和他给中央三人小组要彭德怀任前敌指挥的信作了批

① 刘英:《在历史的激流中——刘英回忆录》，中共党史出版社，1992，第70—71页。

评。毛泽东批评了林彪："你是个娃娃，你懂得什么？"周恩来、朱德等发言支持毛泽东，称赞他在危急的情况下，采取兜大圈子、机动作战的方针，四渡赤水，佯攻贵阳，威逼昆明，北渡金沙江，才摆脱了敌人的重兵包围圈。彭德怀回忆："我也批评了林彪的信：遵义会议才改变领导，这时又提出改变前敌指挥是不妥当的；特别提出我，则更不适当。"①

关于这次会议的细节，杨尚昆回忆说："因为军情还很紧急，这个会只开了一天，张闻天在报告中肯定毛主席的军事指挥，严厉批评部分同志的右倾情绪，特别指出林彪给中央写信，对毛主席的军事领导表示怀疑和动摇。会议还印发了林彪给军事三人团的一封信。四渡赤水，是红军在长征中为了摆脱敌人而走得最频繁的时候，不仅白天走，晚上也走，天又接连下雨，部队非常疲劳，又不了解领导意图，怕部队给拖垮，怪话很多。战士们说：不要走了，打仗吧。林彪那封信反映了这种厌烦情绪，它的大意是要毛、朱、周随军主持大计，请彭德怀出任前敌指挥，迅速同四方面军会合。"②

针对当时部队的思想情绪，会理会议进一步阐明了中共中央和中革军委机动作战才能摆脱敌人重兵包围的作战方针。会议总结了遵义会议以来在川滇边实行大规模运动战的经验，讨论了渡江后的行动计划，决定中央红军继续北上，抢渡大渡河，会合红四方面军，并决定刘伯承任

① 彭德怀：《彭德怀自述》，国际文化出版公司，2009，第204页。
② 杨尚昆：《杨尚昆回忆录》，中央文献出版社，2001，第132—133页。

北上先遣队司令员。

会理会议批评了林彪要求撤换毛泽东、朱德军事指挥和反对机动作战的错误，从而统一了思想，维护了党和红军的团结，巩固了毛泽东在党和红军的领导地位，坚持了正确的军事路线。这充分体现了以毛泽东为主要代表的中国共产党人独立自主地解决中国革命面临复杂问题的能力和水平。会理会议是遵义会议的继续，它进一步巩固了遵义会议的成果，在中国革命史上具有重要意义。

三、“为党立了大功”

由于松潘作战计划没有实现，贻误了战机，致使国民党军队得以再次集中兵力。此时，国民党薛岳部也已进抵松潘东面的平武、文县策应，红军腹背受敌。中共中央当机立断，取消了原来的部署，决定把红一、红四方面军混合编成左、右路军北上。右路军由红一方面军的第一、第三军团和红四方面军的第四、第三十军、军委纵队组成，由前敌指挥部的徐向前、陈昌浩率领，经草地到班佑，中共中央随右路军行动；左路军包括红四方面军的第九、第三十一、第三十三军和红一方面军的第五、第九军，由朱德、张国焘、刘伯承所在的红军总司令部率领，经草地到阿坝，再到班佑与右路军靠拢。

右路军牺牲四五百人，经过一周的艰难行军，终于走出了地狱般的草地。之后马不停蹄，在徐向前指挥下兵临包座，打开了北上的道路，只等张国焘率左路军前来会合。然而，这时张国焘却对确定好的合兵北上方案置之不理，驻守在阿坝，大部队按兵不动。中共中央和右路军在包座焦急等待，就是不见左路军的动静。

1935 年 9 月 1 日，毛泽东就找徐向前、陈昌浩，三人联名致电张国焘，催促速过草地。考虑到过草地困难重重，徐向前主动请缨，准备“派出一个团，带上马匹、牦牛、粮食去接应”。此后一周，张国焘不仅不为所动，还频频回电要右路军停止北上，准备南下，措辞激烈，没有回旋余地。9 月 9 日，为劝说张国焘回心转意，毛泽东和张闻天致电张国焘：“中央现恳切的指出，目前方针只有向北是出路，向南则敌情、地形、居民、给养都对我极端不利，将要使红军受空前未有之困难环境。”① 可惜于事无补。

9 月 9 日，前敌总指挥部召开会议，新任总政治部主任陈昌浩正在讲话时，译电员送来一份电报，随手交给了指挥部参谋长叶剑英。叶剑英想看看电报急不急，这一看心脏立即狂跳起来。电报是张国焘发来的，语气很硬。叶剑英深知事情重大，借口上厕所，飞马赶到中共中央驻地。毛泽东看到电报很警觉，迅速用笔把电报内容记了下来，然后嘱咐叶剑英赶快回去，提高警惕，以防意外。叶剑英立即返回右路军指挥部，会

① 《中共中央关于北上方针绝对不应改变，左路军应速即北上致张国焘电》（1935 年 9 月 9 日），载中国工农红军长征史料丛书编审委员会编《中国工农红军长征史料·文献（3）》，解放军出版社，2016，第 248 页。

还在开，陈昌浩仍在讲话。叶剑英回原位，把密电交给了陈昌浩的秘书。

趁着夜色，毛泽东、张闻天、博古急急赶到红三军团驻地，和王稼祥、周恩来紧急商量对策。大家分析了中央和红一方面军的危险处境，一致认为要张国焘北上已无希望，事不宜迟，须当机立断。毛泽东果断建言，发通知就说出去筹粮，单独北上。就这样，中共中央政治局紧急会议决定，中共中央立即率领红三军团、军委纵队一部、红军大学等连夜北上，到俄界与红一军团会合，脱离危险区域。

叶剑英在同张国焘斗争的关键时刻，及时揭露了张国焘妄图危害中共中央和分裂红军的阴谋，表现了一个共产党员坚定的革命立场和忘我品质，为挽救红军、保卫党立下了不可磨灭的功勋。对此，毛泽东多次谈到这件事，并称赞叶剑英："诸葛一生唯谨慎，吕端大事不糊涂。"1967年夏，毛泽东曾与杨成武谈起此事，摸着自己的脑袋，风趣地说："叶剑英同志在关键时刻是立了大功的。如果没有他，就没有这个了。他救了党，救了红军，救了我们这些人。"①

1972年6月，周恩来在批林整风汇报会议上就密电问题讲了很长一段话：

> ……剑英同志先得到张国焘的命令，一得到，马上就报告毛主席。毛主席得到这个消息，决心北上。……剑英同志先将

① 《叶剑英传》编写组:《叶剑英传》，当代中国出版社，1995，第195页。

密电报告了毛主席，因而脱险，立了大功。这件事情，是毛主席经常讲的，在座的不少同志听到。不是主席总是拿这个古人的事来比喻吗？宋朝不是有位吕端嘛。古人有两句话："诸葛一生唯谨慎，吕端大事不糊涂"。主席拿这个例子多次说这个事。当时军队就行动了……后来陈昌浩看到电报，知道了这件事，要追。据这一次徐向前同志在小组会上说，他制止了。他反对这件事情，不让追。他说，哪有红军打红军的。我们相信徐向前同志的话，因为总有顾全大局的同志嘛。所以那一次是一个很险恶的环境。就是说，没有剑英同志立这个功，要不是毛主席出来制止……那个局势就很坏了。所以就是主席说的，人心，党心，党员之心，都是要团结的，不要分裂的。从这里也可以看出来，要分裂是极少数，那是一个惊险场面，在关键时刻才显出是同志嘛。①

中共中央对叶剑英在长征途中同张国焘的斗争，作了高度评价和明确结论。1985 年 9 月 16 日，党的十二届四中全会在写给叶剑英的致敬信中说："长征途中，您同张国焘企图危害中央和中央红军的阴谋进行勇敢机智的斗争，为党立了大功。"②1986 年 10 月 29 日，胡耀邦代表中共中

① 《叶剑英传》编写组:《叶剑英传》，当代中国出版社，1995，第 196 页。
② 同上书，第 202 页。

央在叶剑英追悼会上致的悼词中，再一次肯定了这一历史事实，说毛泽东同志后来屡次称赞这是叶剑英同志在关键时刻为党为革命建立的一个大功。

四、危急时刻定乾坤

1935 年 8 月下旬，红军右路军走出草地，到达四川省北部若尔盖县巴西村一带，发动了著名的包座战役，消灭胡宗南守敌一个团和援敌一个师，为红军北进甘肃创造了极好时机。但是，张国焘却擅自强令红军左路军南下，并背着中央给右路军政治委员陈昌浩发了率右路军南下的密电。为避免红军内部发生冲突，毛泽东、周恩来、张闻天等中央领导断然决定，率领以红一、红三军团和军委纵队 8000 余人，迅速脱离巴西险区，先行北上，向甘肃境内挺进。9 月 11 日，中共中央率领红三军团和中央军委直属队抵达俄界，与早已等在俄界的红一军团军团长林彪、政治委员聂荣臻等会合。

9 月 12 日，中央政治局为克服因张国焘的阴谋分裂所造成的危局在这里举行紧急扩大会议，讨论张国焘的分裂错误及今后行动方针。张闻天、博古、毛泽东、王稼祥、凯丰、刘少奇、邓发、蔡树藩、叶剑英、林伯渠、罗迈（李维汉）、杨尚昆、李德、林彪、聂荣臻、朱瑞、罗瑞卿、彭德怀、李富春、袁国平、张纯清等 21 人参加了会议。

毛泽东在会上作了《关于与四方面军领导者的争论及今后战略方针》

的报告，公开批判了张国焘的反党分裂活动和军阀主义倾向，讨论了北上的任务和到达甘南后的方针，确定用游击战争来打通国际联系。他说：“我们现在背靠一个可靠的地区是对的，但不应靠前面没有出路、后面没有战略退路、没有粮食、没有群众的地方。”“所以，我们应到甘肃才对，张国焘抵抗中央决议是不对的。”① 会议同意毛泽东的意见，通过《中央关于张国焘同志的错误的决定》，指出张国焘反对中央北上的战略方针，坚持向川康藏边境退却的方针是错误的。中央同张国焘的争论，其实质是由于对政治形势的分析和敌我力量估量上存在着原则的分歧。中央号召红四方面军的同志团结在中央周围，同张国焘的错误倾向作坚决斗争。

俄界会议决定，把北上红军合编为中国工农红军陕甘支队，彭德怀任司令员，毛泽东兼任政治委员，林彪任副司令员，王稼祥任政治部主任，杨尚昆任政治部副主任；成立“五人团”作为全军最高领导核心，由彭德怀、林彪、毛泽东、王稼祥、周恩来组成；组成编制委员会，主任为李德，委员为叶剑英、邓发、蔡树藩、罗迈。

据《迭部县志》记载，会议后，红军很快开始了新的征途，中共中央在高吉村小河边的一棵白杨树下召开了营以上干部会议，向干部说明了当时的战略方针和迅速行动的必要性，并向全军发出了为执行北上方针的告同志书。

① 中共中央文献研究室编，金冲及主编《毛泽东传（1893—1949）》，中央文献出版社，2004，第 376 页。

俄界会议后的第二天，毛泽东率领红一方面军离开高吉村，向北上唯一通道腊子口进发，拉开了攻打腊子口的序幕，加快了北上抗日步伐。周恩来则留在高吉村接受当地藏医的救治，在伤势好转后，离开高吉村与红一方面军在宕昌哈达铺汇合。

俄界会议召开在中共中央同张国焘分裂主义斗争的危急时刻，召开在长征路上的紧要关头，是中共中央在遵义会议后召开的具有转折意义的一次会议。以毛泽东为代表的老一辈无产阶级革命家，从中国革命的具体实际出发，创造性地运用马克思主义的基本原理，使中国革命走上

◆ 俄界会议遗址

了正确发展的道路。会议进一步确立了毛泽东在全党和全军的领导核心地位，批判了张国焘分裂主义的错误行为，明确继续北上的正确道路，统一全党全军思想，并对红军进行缩编整顿以增强战斗力，为开创中国革命的新局面作出了重大贡献。

第三节

灵活战略决策把革命引向胜利

中国共产党是用马克思主义武装起来的政党，马克思主义是中国共产党人理想信念的灵魂。长征途中，以毛泽东为主要代表的中国共产党人，坚持从实际出发，实事求是地转变军事决策，制定策略方针，从而摆脱优势敌军的围追堵截，取得了战略转移中具有决定性意义的胜利。红军长征成为中国革命的一个大熔炉，淬炼了一大批既有理论高度又有实践深度的马克思主义者。在血的教训和斗争考验中，中国共产党进一步认识到，只有把马克思列宁主义基本原理同中国革命具体实际结合起来，独立自主解决中国革命的重大问题，才能把革命事业引向胜利。红军长征的胜利，是中国共产党实事求是思想路线的胜利，书写了马克思主义中国化新篇章。

一、开始从被动转向主动

遵义会议后，中央红军打的第一仗就是青杠坡战斗。尽管这次战斗失利，但是，毛泽东、周恩来、朱德果断决定迅速撤出战斗，减少了红军的伤亡，西渡赤水，揭开了四渡赤水的序幕，是红军从被动转向主动的开始。

1935 年 1 月 29 日，中央红军一渡赤水，进入川南古蔺、叙永地区。这时，国民党川军潘文华部 36 个团已部署在长江南岸的赤水、古蔺、叙永一带，防止红军从这里北渡长江。毛泽东和军委领导人认为在这种情况下不应恋战，立刻指挥各军团避实就虚，摆脱国民党川军，进入云南省威信县扎西地区。

当国民党川军潘文华部和滇军孙渡部从南北两个方向进逼扎西时，

◆ 青杠坡战斗遗址

中央红军突然掉头东进，再渡赤水河。中共中央发布《共产党中央委员会与中央革命军事委员会告全体红色指战员书》，指出："为了有把握的求得胜利，我们必须寻求有利的时机与地区去消灭敌人，在不利的条件下，我们应该拒绝那种冒险的没有胜利把握的战斗。因此红军必须经常的转移作战地区，有时向东，有时向西，有时走大路，有时走小路，有时走老路，有时走新路，而唯一的目的是为了在有利条件下，求得作战的胜利。"①

2 月 20 日前后，中央红军第二次渡过赤水河，回师黔北。中革军委决定集中主力进攻桐梓和娄山关以南的黔军，乘胜夺取遵义。这次战役，先后击溃和歼灭国民党军 2 个师又 8 个团，俘敌约 3000 人，取得长征以来最大的一次胜利。

接着，当蒋介石重新调整部署，指挥军队向遵义一带合围时，中央红军又由遵义向西开进。这时，由于红军的行动忽东忽西，飘忽不定，迂回曲折，穿插于国民党重兵之间，使蒋介石无法摸清红军的战略意图，只得分散兵力，四面防堵。

为了进一步迷惑敌人，调动国民党军西移，中央红军在 3 月 16 日下午至 17 日中午第三次渡过赤水河，向西进入川南古蔺地区，并派一个团伪装主力继续向西北挺进，主力却在附近山沟丛林里隐蔽集结。蒋介石

① 《共产党中央委员会与中央革命军事委员会告全体红色指战员书》(1935 年 2 月 16 日)，载中国工农红军长征史料丛书编审委员会编《中国工农红军长征史料丛书·文献（2）》，解放军出版社，2016，第 58 页。

得到飞机侦察的情报，果然误以为红军又要北渡长江，急忙调集各军迅速奔集川南古蔺地区。3月20日，蒋介石还得意地声称："剿匪成功，在此一举。"

在达到调动国民党军大举西向的目的后，中央红军决定立刻掉头再次东渡赤水河，返回贵州。3月20日，中共中央和红军总政治部电令各军团首长："我再西进不利，决东渡，这是野战军此后行动发展严重紧急关头。"电令要求各军团首长坚决而迅速地组织部队东渡，并指出"渡河迟缓或阻碍渡河的困难不能克服，都会给野战军最大的危险"[①]。这时，贵州境内的国民党军兵力已十分空虚。红军主力在3月21日晚至22日晨神速地第四次渡过赤水河。

红军第四次渡过赤水河，完全出乎蒋介石的意料之外。红军随即挥师南下，大踏步越过遵义仁怀大道。3月31日，中央红军南渡乌江，跳出国民党军的合围圈。时任红军总参谋长刘伯承回忆道：

> 这时候，蒋介石正亲自在贵阳督战，慌忙调云南军阀部队来"保驾"，又令薛岳和湖南部队东往余庆、石阡等地布防，防止我军东进与二、六军团会师。在部署这次行动时，毛主席就曾说："只要能将滇军调出来，就是胜利。"果然，敌人完全按

① 中共中央党史研究室第一研究部编著《红军长征史》，中共党史出版社，2006，第99页。

照毛主席的指挥行动了。于是，我军以一军团包围贵阳东南的龙里，虚张声势，迷惑敌人。其余主力穿过湘黔公路，直插云南，与驰援贵阳的滇军背道而行。这次，毛主席又成功地运用了声东击西的灵活的战术，"示形"于贵阳之东，造成敌人的过失，我军得以争取时机突然西去。

一过公路，甩开了敌人，部队就象插上了翅膀，放开大步，一天就走一百二十里。途中，连克定番（今惠水）、广顺、兴义等县城，并渡过了北盘江。[①]

四渡赤水充分显示出中央红军在遵义会议后一反以前的情况，好像忽然获得了新的生命和活力。它是毛泽东在军事指挥中的"得意之笔"。

二、中央红军巧渡金沙江

四渡赤水后，中央红军虽然暂时跳出了国民党军几十万大军的围追堵截，但形势依然严峻，行动稍有不慎，就有可能重新陷入重围。佯攻贵阳，调出滇军，中央红军只是实现了北上的第一步计划，在红军的前面还有一道天险——金沙江。金沙江是长江的上游，两岸崇山峻岭，水流湍急，素称天险。如果红军不能短时间内渡过金沙江，就有可能被国

① 刘伯承：《刘伯承回忆录》，上海文艺出版社，1981，第 7—8 页。

民党重兵“围歼”于深山峡谷之中。只有渡过金沙江，才能彻底摆脱国民党军的追堵，真正占据战略上的主动权。

1935年4月，中央红军主力进入云南，并采取声东击西、调虎离山战术，为红军北渡金沙江扫清道路障碍。4月28日，先遣分队在通往昆明的公路上，截获一辆汽车，车上有龙云送给薛岳的云南省的地图。毛泽东知道后十分高兴。他说：“我们正为没有云南详图而犯愁的时候，敌人就送上门来了，真是解了燃眉之急！……从一定意义上说，这一战绩比在战场上缴获的武器还重要，可谓巧获呀！”[①]

当天晚上，毛泽东同中共中央、中革军委负责人召开会议，研究抢渡金沙江的行动部署。他说：“遵义会议后，我军大胆穿插，机动作战，把蒋介石的尾追部队甩在侧后，获得了北渡金沙江的有利时机。云南境内的地形条件，不像湖南、贵州有良好的山区可以利用，我军不宜在昆明东北平川地带同敌人进行大的战斗。我军应该趁沿江敌军空虚，尾追国民党军距离我们还有三四天行程，迅速争取渡金沙江的先机。”[②]对此，刘伯承回忆道：“四月下旬，我分三路进军云南；一路就是留在乌江北牵制敌人的别动支队九军团，他们打败了敌人五个团的围追，入滇时，占领宣威，后来经过会泽，渡金沙江；另两路是红军主力，攻克沾益、马

---

① 吕黎平：《青春的步履》，解放军出版社，1984，第186页。

② 中共中央文献研究室编，金冲及主编《毛泽东传（1893—1949）》，中央文献出版社，2004，第364页。

龙、寻甸、嵩明等地，直逼昆明。这时，滇军主力全部东调，云南后方空虚，我军入滇，吓得龙云胆颤心惊，忙将各地民团集中昆明守城，我军却虚晃一枪，即向西北方向金沙江边挺进。”①

4月29日，中革军委发出指示：“由于两月来的机动，我野战军已取得西向的有利条件，一般追敌已在我侧后，但敌已集中七十团以上兵力向我追击，在现在地区我已不便进行较大的作战机动，另方面金沙江两岸空虚，中央过去决定野战军转入川西，创立苏维埃根据地的根本方针，现在已有实现的可能了。”“因此政治局决定我野战军应利用目前有利时机，争取迅速渡过金沙江，转入川西消灭敌人，建立起苏区根据地。”②

4月30日，军委纵队到达云南寻甸县柯渡的丹桂村，中革军委在此召开会议，部署抢渡金沙江行动，确定：红军主力分为三路，红一军团为左翼，向西经禄劝、武定、元谋，直取龙街渡；红三军团为右翼，经思力坝、马鹿塘夺占洪门渡；军委纵队和红五军团为中路，经山仓街、海龙塘、石板河抢占龙街渡与洪门渡之间的皎平渡，其中五军团执行殿后掩护任务。毛泽东在会上强调：红军各部务于5月3日以前抢占金沙江上的龙街渡、洪门渡、皎平渡等渡口，一定要走活这步棋。

---

① 刘伯承：《刘伯承回忆录》，上海文艺出版社，1981，第8页。

② 《中革军委关于野战军速渡金沙江转入川西建立苏区的指示》（1935年4月29日），载中国工农红军长征史料丛书编审委员会编《中国工农红军长征史料丛书·文献（2）》，解放军出版社，2016，第121页。

◆ 皎平渡渡口

红军离开昆明城下，奔金沙江而去。这时，蒋介石才终于明白红军入滇的真实目的，连忙部署新的“围歼”行动。他命令薛岳兵团及滇军尾追红军，川军在金沙江北岸阻截，又密电龙云严密封锁金沙江沿岸各渡口，将一切船只及渡河材料收缴和控制起来，并在沿岸实行“坚壁清野”，企图阻止中央红军北上。

为了迅速过江，红一军团先头部队化装为国民党的“中央军”，智取禄劝、武定、元谋县城，直奔金沙江，在夺占龙街渡口后，马上寻找船只，结果一只也没有找到。因江面太宽、水流太急，加上敌机不断轰炸，架设浮桥没有成功。同时，红三军团虽占领洪门渡口，也因该处水流太急，架设的浮桥被冲垮，仅渡过 1 个团。

龙街渡口、洪门渡口渡江失利后，毛泽东把夺取皎平渡口的任务交给了军委干部团，并确定干部团由红军参谋长刘伯承指挥。皎平渡口位于四川和云南元谋县交界处，是金沙江的重要渡口之一。渡口两岸是悬崖绝壁，激流滚滚，形势险要。红军把这里选作渡江的主要渡口，实在出乎敌人的意料。

刘伯承率干部团巧夺皎平渡，占领通安州，为红军主力渡江打开了通路。中革军委决定，除留红十三团在洪门渡过江，红一、红三军团主力全部改由皎平渡口渡江。为此，中革军委组成渡河司令部，专门负责指挥渡河工作，并在两岸燃起木柴，昼夜渡江。

所有部队到达江边之后，一律停下待命，接到通知后才能向前行，按着指令上船。每船不但规定所载人数及行李担数，还标明座位次序。上船时，人员呈一路纵队依次而上，每船并派有船长，负责维持船中秩序，上至司令员下到普通战士，一律听从渡河司令部及船长的指挥。由于周密筹划，精细指挥，所以虽人多船少，时间紧迫，但红军渡江时却是井然有序，快而不乱。对于船夫，红军则细心照顾。第一天渡江时，仅有 18 个船夫，后来增加到 37 人。除进行革命道理的宣传，红军对船夫从优付报酬，每天 5 块大洋，吃 6 顿饭，餐餐有肉。而指挥渡江的红军人员，却每餐只有青豆果腹。船夫们从未享受过如此待遇，也从未见过这样的军队，因而对红军充满热爱之情，有的船夫就此加入了红军。

红一、红三军团部队的渡江行动紧张有序地进行。毛泽东一面令红

一、红三军团加快渡江速度，另一方面则派总政治部副主任李富春赶赴红五军团，令其坚决阻击敌军，确保红军主力过江，并要李富春转告红五军团全体官兵："中央相信五军团是能完成这个伟大而艰巨的任务的。"接到中革军委的命令后，军团长董振堂代表全军团官兵表示："人在阵地在，坚决完成任务。"

万耀煌在蒋介石的严令之下，开始加大兵力，向红五军团全力进攻。红五军团沉着迎战，坚守阵地，未使国民党军前进一步，并在作战过程中，先行将伤员全部送至渡口过江，然后在完成阻击任务后，交替掩护，撤出阵地，以急行军赶到皎平渡，迅速组织渡江。5 月 9 日，红五军团全部渡江。2 万多红军主力至此全部渡过金沙江。单独行动的红九军团则由水城地区西进，于 4 月 27 日攻占宣威，缴获大量物资。在完成牵制敌军任务后，也在东川以西的树节、盐井坪地区渡过金沙江，并沿金沙江西岸布防，掩护红军主力行动。

红军渡过金沙江两天之后，万耀煌的第十三师先头别动队方到达皎平渡口。而薛岳的其他部队则在红军过江 7 天以后才尾追到江边。此刻渡口已经空无一人，红军主力早已在会理地区休整完毕，向西昌而去，薛岳等人只能隔江兴叹。

巧渡金沙江，使中央红军终于完全跳出了数十万国民党军的围追堵截包围圈，彻底粉碎了蒋介石围歼红军于川、黔、滇地区的计划，实现了渡江北上的战略方针，取得了战略转移中的决定性胜利。连一向高傲

◆ 达维会师纪念碑

自得、看不起毛泽东“游击主义”的李德也心悦诚服，在他晚年所写的回忆录《中国纪事》中写道：“渡过金沙江以后，在战略上形成了一种新的比较有利的局势。”[①]

三、确定继续北上战略方针

1935年6月12日，中央红军先头部队红一军团第二师第四团与红四方面军先头部队第九军第二十五师第七十四团在四川懋功达维地区胜利会师。红一、红四方面军会合前后，红军的行动方向应当指向哪里，是就地发展还是继续北上，这是关系到红军今后命运的头等重要的问题。不料，恰恰在这个大问题上，立刻产生严重的、难以调和的分歧。

还在红一、红四方面军会合的前夕，中共中央就收到红四方面军领导人来电请速决“今后两军行动大计”。6月16日，朱德、毛泽东、周恩来、张闻天致电红四方面军领导人，明确指出：“今后我一、四两方面军总的方针应是占领川、陕、甘三省，建立三省苏维埃政权，并

① 奥托·布劳恩：《中国纪事》，李逵六等译，现代史料编刊社，1980，第161页。

于适当时期以一部组织远征军占领新疆。”[①] 但红四方面军领导人复电中共中央，不同意这个战略，提出红军北攻阿坝，组织远征军，占领青海、新疆，或暂时向南进攻。毛泽东、张闻天、周恩来、朱德、王稼祥等对于张国焘及其率领的红四方面军寄予很大希望，并邀约张国焘前来懋功“商决一切”。6 月 25 日，两大主力红军会师大会在懋功县城以北的两河口举行。朱德致欢迎词，说明两大主力红军会师的重大意义和北上的方针。张国焘在讲话中却公然提出同中央相悖的西进方针。

为了统一战略思想，中共中央政治局于 1935 年 6 月 26 日在懋功以北的两河口召开扩大会议。周恩来在会上作了目前战略方针的报告，从地域是否便于机动、群众条件和经济条件等三个方面，阐明红军应该去“川陕甘”，“我们如陷在懋、松、理，就没有前途”，提出以运动战迅速北上攻打驻松潘的胡宗南部，创造川陕甘根据地。张国焘在发言中勉强表示同意中央的北进方针，又同时提出也可“向南”“向成都打”的问题。

毛泽东发言同意周恩来的报告，提出：“一、中国红军要用全力到新的地区发展根据地，在川陕甘建立新根据地，这是向前的方针，要对四方面军同志作解释，因为他们是要打成都的，而一、四方面军会合后有可能实现向北发展。二、战争性质不是决战防御，不是跑，而是进攻，

① 《中共中央、中革军委领导人关于红一、四方面军会合后的战略方针致张国焘、徐向前、陈昌浩电》（1935 年 6 月 16 日），载中国工农红军长征史料丛书编审委员会编《中国工农红军长征史料丛书·文献（3）》，解放军出版社，2016，第 72 页。

因为根据地是依靠进攻发展起来的，我们应当过山战胜胡宗南，占取甘南，迅速向北发展。三、我须高度机动，这就有个走路的问题，要选好向北发展的路线，先机夺人。四、集中兵力于主攻方面，如攻松潘，胡宗南如与我打野战，我有二十个团以上，是够的。今天决定，明天即须行动。五、责成常委、军委解决统一指挥问题。”①

会议经过三天讨论，通过北进建立“川陕甘”苏区的战略方针。6月28日，中共中央政治局根据会议精神作出《中共中央政治局决定——关于一、四方面军会合后的战略方针》，明确指出：“在一、四方面军会合后，我们的战略方针是集中主力向北进攻，在运动战中大量消灭敌人，首先取得甘肃南部，以创造川陕甘苏区根据地，使中国苏维埃运动放在更巩固更广大的基础上，以争取中国西北各省以至全中国的胜利。”“为了实现这一战略方针，在战役上必须首先集中主力消灭与打击胡宗南军，夺取松潘与控制松潘以北地区，使主力能够胜利的向甘南前进。”“必须派出一个支队向洮河夏河活动，控制这一地带，使我们能够背靠于甘青新宁四省的广大地区有利的向东发展。”在大小金川流域，“必须留下小部分力量，发展游击战争，使这一地区变为川陕甘苏区之一部”②。

① 中共中央文献研究室编，金冲及主编《毛泽东传（1893—1949）》，中央文献出版社，2004，第368页。

② 中央档案馆编《中共中央文件选集》第10册，中共中央党校出版社，1991，第516页。

◆ 两河口会议会址

两河口会议是两大红军主力会师后的一次重要会议。会议正确地分析了两军会师后的形势和川陕甘、川康边的实际情况，确定了两军共同北上，在川陕甘创建根据地的战略方针，为两个方面军的行动指明了方向。

四、“腊子口一开，全盘棋都走活了”

俄界会议后，中共中央率陕甘支队迅速北上。这时，红军面对的是已被国民党新编第十四师鲁大昌部控制的天险——腊子口。腊子口位于甘肃省甘南藏族自治州迭部县东北部，是川西北通向甘南的门户，历来是兵家必争之地。腊子口周围是崇山峻岭，东西两侧都是陡峭石崖，如刀劈斧削一般，中间是一个宽 8 米左右的隘口，腊子河从峡口奔涌而出，

◆ 雕塑：《激战腊子口》

◆ 天险腊子口

抬头望去，只见一线青天，地形险要，易守难攻，可谓是“一夫当关，万夫莫开”。翻过腊子口，就是甘南的开阔地带。如果国民党的胡宗南等增援部队赶到，把山口严密封锁起来，要进入甘南就十分困难了。

在这个稍纵即逝的关键时刻，毛泽东果断下达了两天之内拿下腊子口的命令。当时，驻守在腊子口的敌军有两个营，其中一个营扼守隘口，另外一个营配置在隘口后边的谷地。守军在桥头和山崖上构筑碉堡，形成交叉的火力网。此外，敌人在腊子口附近地区还配置了两个师，可随时增援，妄图凭借天险挡住红军的去路。

1935 年 9 月 16 日下午，战斗打响。承担夺取天险腊子口任务的是红一军团第二师第四团，团长王开湘，政治委员杨成武。红军先后多次对敌发起猛攻，但因地形狭窄，无法展开大规模进攻，敌人以逸待劳，凭借地形优势，用机枪封锁独木桥，等到红军战士接近桥边时就投手榴弹，红军接连几次进攻，都无法接近桥头，正面进攻一直没有进展。

半夜时分，部队决定暂停进攻，重新研究作战方案。经过缜密侦察，红军发现了敌人的布防漏洞，原来敌人过于自信腊子口天险优势，把主要兵力都集中在了正面，而且正面修建的碉堡没有顶盖，在两侧峭壁顶上也都没有设防。根据敌人兵力分布情况，结合实际条件，四团决定兵分两路夺取腊子口：由王开湘带领第一、第二连隐蔽迂回至腊子口右侧，从崖壁攀登至敌人后侧；杨成武带领第六连从正面突击，夺取独木桥，若袭击不成，也要连续进攻，达到消耗敌人、造成其恐慌的目的。

接到任务后，第六连召开党团员大会，成立突击队，准备夜袭夺桥。在会上，大家纷纷表示："坚决夺取腊子口，走上抗日最前线！"当场就有20多位干部战士报名参加突击队，连队从中挑选了15位党团员，组成3个突击小组。突击队员们攀着崖壁上横生的小树，悄悄地摸到了桥边，利用桥肚底下的横木，一手倒一手地往对岸运动。敌人发觉后，用机枪、手榴弹朝桥下乱射乱打，战士们摸到一块岩石下，待机行动。另外两个突击小组趁敌人火力被吸引至桥下的机会，冲到桥边向敌人掷过去一排手榴弹，紧接着冲进敌人筑在桥头上的工事。桥下的突击队员乘机从岩石下钻了出来，翻上桥面，拔出大刀，喊着冲杀声跟敌人肉搏起来。

与此同时，王开湘率第一、第二连也已摸至腊子口右侧峭壁下，河流湍急，探路战士还没到河心就被水冲走，好不容易才被救上来，徒涉受阻，只好用马匹来回骑渡，但效率较低。后来战士们想到一个好办法，砍倒河边两棵大树倒向对岸，一下子搭起了两座独木桥，勇士们顺利渡过了腊子河。面对陡峭的山壁，怎么才能上得去？外号“云贵川”的苗族小战士自告奋勇，用带铁钩的长杆沿峭壁爬了上去，把用绑腿做成的绳索系在大树上垂下来，战士们顺绳索攀上峭壁，迂回至敌人身后，向没有顶盖的敌工事投掷手榴弹，敌人万万没想到我军会从峭壁迂回至其后方，惊慌之下士气大泄，被我军两侧夹击，只得仓皇逃命。红军乘胜夺占了独木桥，控制了隘口炮楼，随后总攻部队兵分两路，沿腊子河向峡谷纵深扩大战果，连克敌人多道防线，一举夺下腊子口天险。

腊子口是红军长征中克服的最后一道关口。腊子口战役是军事史上以弱胜强、出奇制胜的著名战役，也是红军长征进入甘肃境内最关键的一仗，因此被载入了中国革命史册。此次战役的胜利，使红军摆脱了被敌人四面合围的危险，彻底粉碎了国民党军妄图利用恶劣的自然条件“困死”红军的阴谋，为红军顺利进入陕甘开辟了通道、创造了有利条件。时任红一军团政治委员的聂荣臻对此役给予了很高的评价：“腊子口一战，北上的通道打开了。如果腊子口打不开，我军往南不好回，往北又出不去，无论军事上政治上，都会处于进退失据的境地。现在好了，腊子口一开，全盘棋都走活了。”[①]

① 聂荣臻：《聂荣臻元帅回忆录》，解放军出版社，2005，第 229—230 页。

检验真理的伟大远征启示我们：认识真理，掌握真理，信仰真理，捍卫真理，是坚定理想信念的精神前提。中国共产党人的理想信念，建立在马克思主义科学真理的基础之上，建立在马克思主义揭示的人类社会发展规律的基础之上，建立在为最广大人民谋利益的崇高价值的基础之上。我们坚定，是因为我们追求的是真理。我们坚定，是因为我们遵循的是科学规律。我们坚定，是因为我们代表的是最广大人民的根本利益。在新的长征路上，我们要深入学习马克思主义中国化最新理论成果——习近平新时代中国特色社会主义思想，永远为了真理而斗争，让真理武装我们的头脑，让真理指引我们的理想，让真理坚定我们的信仰。

第四章

HUANXING MINZHONG DE WEIDA YUANZHENG

唤醒民众的伟大远征

中国共产党的根基在人民、血脉在人民、力量在人民。红军长征就是一次唤醒民众的伟大远征。这一次伟大远征，不仅宣传了中国共产党的主张，播撒下革命的火种，扩大了中国共产党和红军的影响，而且巩固了中国共产党同人民群众的血肉联系，使中国共产党牢牢扎根在人民之中。红军打胜仗，人民是靠山。人民群众的大力支持，是中国共产党和红军战胜敌人、取得长征胜利的力量源泉。面对正义和邪恶两种力量的交锋、光明和黑暗两种前途的抉择，中国共产党始终植根于人民，联系群众、宣传群众、武装群众、团结群众、依靠群众，以自己的模范行动，赢得了人民群众的真心拥护和支持。广大人民群众的大力支持，是中国共产党和红军战胜敌人、胜利长征的力量源泉。红军长征，由东向西，由南向北，走过了中国最贫困的地区。长征的过程既是红军求生存、谋发展的过程，也是为了群众、依靠群众的过程。正因为如此，毛泽东把红军长征比喻成“宣言书”“宣传队”和“播种机”。

第一节

模范行动赢得人民支持

赢得人民信任，得到人民支持，中国共产党就能够克服任何困难，就能够无往而不胜。同人民风雨同舟、血脉相通、生死与共，是中国共产党和红军取得长征胜利的根本保证。一部红军长征史，就是一部反映军民鱼水情深的历史。正因为有了群众的倾力支持，中国共产党和红军才构筑了一道牢不可破的“铜墙铁壁”。人民是红军坚强的支柱和后盾，长征的胜利离不开人民的支持和帮助。红军长征的胜利，充分展示了中国共产党性质和宗旨的力量，充分说明了中国共产党必须在人民中间生根开花，必须紧紧依靠人民来克服困难、赢得胜利。

一、军民合力必胜利

同人民风雨同舟、血脉相通、生死与共，是中国共产党战胜一切困难和风险的根本保证。正是因为紧紧依靠人民，中国共产党跨过一道又一道沟坎，取得一个又一个胜利。

中国老百姓是最善良而知恩图报的人群，一切的善意和德政都能得到最大的回报。中央红军在于都集结，准备战略转移。30 万于都人民为红军保守这个天大的秘密达半个月之久，国民党谍报部门对此一无所知。红军渡河前，数以万计的男女老少伫立在各个渡口，送上一杯杯茶水，送上一顶顶斗笠，为红军送行。时任红一军团第一师第一团团长的杨得志后来回忆道："深夜，秋风吹动着残枝败叶，吹动着一泻千里的于都河，吹动着身着单衣的指战员们。寒气很重了，我们回首眺望对岸举着灯笼、火把为红军送行的群众，心里不禁有股暖融融的感觉。"① "千军万马江畔站，十万百姓泪汪汪，恩情似海不能忘"的告别场景，是为了中国革命事业几乎献出了一切的苏区军民，对红军的万般不舍和深深牵挂。于都百姓还帮助安置了 6000 多名红军伤病员，并为红军送去 5000 余名新兵，参加运输队、担架队，跟随红军走上漫漫长征之路。

中央红军长征前的 5 个月，赣南苏区人民节衣缩食，倾其所有，捐献稻谷 84 万担、被毯 2 万床、棉花 8.6 万斤、布鞋 5 万双、草鞋 20 万双

① 杨得志：《杨得志回忆录》，解放军出版社，1993，第 122 页。

和军费150万元等。中央红军长征出发过于都贡江时，苏区群众组织大批慰劳队，自发拿出家中所有的门板、木料、寿板（为老人准备的棺材板），架起了5座400多米长的浮桥。当年，赣南苏区总人口240万，参加红军的就有33万人，参加赤卫队、担架队、运输队等支前参战的有60万余人。中央苏区的青壮年，几乎全部参加了保卫苏区的作战、支前。有的县、区、乡的16岁至55岁的男子，凡是身体合格的都争先恐后地参加红军了。从这个意义上说，“没有苏区人民，就没有强大的中央红军；没有苏区人民，就不可能有浩浩荡荡的红军去进行长征”[①]。

中央红军进入湖南资兴、郴州、宜章一带时，沿途群众烧茶送水、招待红军。中央红军在遵义各地扩红工作取得显著成效，有5000多当地群众加入红军，为红军在贵州的转战提供了重要帮助。

① 石仲泉：《长征行》，中共党史出版社，2006，第10页。

红军长征在沿途百姓家安置了大批不能随军行动的伤病员。红军离开后，当地反动势力卷土重来，“围剿”这些失散红军。当地群众不顾反动派制定的“窝匪同罪，株连全家；知匪不报，全保连坐”的高压政策，在极其危险的情况下，救护红军伤病员和地方游击队员。1935 年 3 月 3 日，中央军委纵队回到遵义，红军战士看到感人一幕，“当我们四渡赤水，返回遵、桐一带时，常常看到许多感人肺腑的情景：沿途的干人[①]们冒着生命危险，把我军留在干人家里的伤病员掩护起来，想尽办法尽快地把他们的伤病治好。老妈妈还亲自带着病伤治愈后的战士来归队。我们把银元送给老妈妈，她们坚决不要，而老妈妈送给我们的包谷巴巴，却非让我们收下不可。沿途参军的干人也不少，各连队每天都要接待新来的阶级兄弟。贵州的干人们和中央苏区的工农群众一样，是和我们心连心的”[②]。

红二、红六军团转战黔西北时，由于当地群众的支持，扩红工作成绩显著。以大定为例，当地的扩红工作十分突出，大定城内扩红工作由群众组织“拥红会”配合红军进行。他们张贴布告，号召人们参加红军。当时，四乡扩红由第五师各部进行，掀起了城内及四乡干人参军的热潮。

红军视人民为父母，人民就视红军为子弟兵。军民合力，所向无敌。

① 干人，贵州方言，指穷人。

② 戴镜元：《长征回忆——从中央苏区到陕北革命根据地》，北京出版社，1960，第 41 页。

红军在长征中经过瑶、苗、羌、回、藏、东乡、裕固等10多个少数民族聚居地，国民党政府曾明令："谁要接待红军，就以通匪论处。"红军初到这些地区时，地方兵丁民团早已逃之夭夭，普通百姓见到红军也唯恐避之不及。在川西大凉山还出现过红军被不明真相的彝族群众围攻的情况。为唤醒和团结少数民族，中国共产党发布了《关于争取少数民族的批示》《关于瑶苗民族中工作的原则指示》《告川西北藏彝民族书》等一系列有关民族工作的政策、条令和指示，号召全军在一切工作中，必须做好民族工作。

长征途中，广大红军将士严格遵守纪律，不拿群众一针一线，留下了许多秋毫无犯的佳话。哈达铺是红军进入甘肃遇到的第一个较大的镇子，回民占人口半数以上。离开时把借用的东西照样归还、把地面打扫干净、向主人再三道谢的红军，赢得了回族群众的热烈欢迎和拥护。

红军良好的形象，荡涤了国民党政府的反动宣传和对红军的流言蜚语，融化了少数民族群众心灵深处的厚厚坚冰，各地少数民族群众对待红军的态度，由惊恐、怀疑、躲避变为了相信、亲近和拥护，彻底粉碎了国民党围困红军的黄粱美梦。

二、"我们穷苦人就是欢迎红军"

红军长征途经的地方，当地群众吃不饱是常事。红军每到一个地方，都会用打土豪获得的财产请当地贫苦群众吃饭，满足群众实际需要，同时也拉近了军民关系，推动了宣传工作的开展。

杨秀山是这样回忆红二方面军长征到达陇南时的场景：

> 那时候请吃饭很简单，用地主家的粮食做一大锅饭，杀上地主家一口猪，烧一大锅菜，请老百姓自带碗筷来吃。当地虽比较富裕，但吃不上饱饭的群众还是很多的。穷苦人家听说红军请吃饭，男女老少带上碗筷都来了。我们的炊事员一边给群众端饭，一边做宣传工作。听了我们的宣传，有的穷苦农民当场就悄悄向我们反映情况，有的还自告奋勇给我们领路去打土豪。打了土豪，我们又把衣服、粮食分给群众。这样，接近我们的群众更多了。有的要求当红军，有的主动给我们送情报，告诉我们，哪家地主最坏、最富，使我们打土豪的目标更准了。群众发动起来后，我们招收了不少新战士，还组织起一百多人的地方游击队。[①]

中央红军经过瓮安时，也和当地百姓联欢，用打土豪得到的粮食、肉类，做成饭菜，举行新年会餐，和当地贫苦群众欢庆新年。当地贫苦群众以这种方式分享了土豪劣绅的年货，个个喜形于色，纷纷向红军表

① 杨秀山:《在陇南》，载星火燎原编辑部编《星火燎原》丛书之二，解放军出版社，1986，第291—292页。

达感激之情："红军先生，沾了你们的光。如果不是你们来了，我们得出门躲债，连年饭也吃不成，谁敢梦想这样阔气呢？你们救了我们干人儿的命啊！"①

正是因为通过打土豪、分浮财，广大群众认识到"红军是穷人的军队"，他们同情红军、欢迎红军、支持红军。1936年4月24日，云南丽江大研镇四方街集合着一些穷人。他们拿着一面三角形的小彩旗，提着茶水，兴高采烈地呼喊着欢迎红军去！于是，一支近200人的欢迎队伍集合起来。他们多数是纳西族受苦群众，也有白族和汉族群众，当中有皮匠、裁缝、木匠、铁匠和卖一天苦力找一天吃的城镇手工业者和贫民。

其实，早在红军到来前，土司和国民党就散布谣言说，红军要"共产共妻""杀人放火"，但大研镇的穷人都不信谣言，他们早就听说红军"打富救贫"，帮助穷人，专整官人。

欢迎队伍一直走到城南外10里的白塔岗下东园桥畔。这是一座大石拱桥，是大研镇南北交通的孔道，也是纳西族人民迎接尊贵客人的地方。当看到红军队伍来到时，他们激动地说军士们辛苦了，红军战士们也热情地回应，并和大家握手。

红军进入城后，没收了官僚、土豪劣绅的财物，并打开敌人的监狱，

① 中共中央党史研究室编《红军长征纪实丛书·红一方面军卷（3）》，中共党史出版社，2016，第1010页。

释放被关押的无辜群众。同时，红军在城内进行了短暂的休整，缝制了大量军装。当时红军供给部把城内的裁缝师傅都请来，共有 30 多位师傅和 17 部缝纫机，他们集中在文昌宫为红军缝制军装。另外在孙照清、彭四、曹锡光、和士强、李桂莲等人的家里，也有 5 个小组同时赶制军装。

红军很尊重裁缝师傅们，给他们端茶送水送饭，这让师傅们十分感动。他们一边缝制军装，一边议论说天下竟有这样好的军队。红军还给他们工钱，他们异口同声地说，红军为我们穷苦百姓过好日子，走几千里路，打仗行军，流血流汗，我们为红军出点小力，帮不着多少忙。他们说什么也不肯收工钱。红军反复说明这是贺龙军团长的命令，请人做工一定要给工钱，这是红军的纪律。这更加感动了师傅们，他们积极主动地昼夜不停赶制军装，两天半就缝制了许多军衣、军裤、军帽和米口袋，为红军飞渡金沙江和翻越雪山作了重要贡献。

三、一口铜锅见证铁纪赢民心

在四川省泸州市古蔺县红军长征四渡赤水太平渡陈列馆里，有一口独特的“红军锅”。这口锅由黄铜铸成的，直径约 18 厘米，周长 60 厘米左右。经过漫长岁月的侵蚀，锅身已变得陈旧，但整口铜锅仍结实浑厚，仿佛还在无声述说着当年红军长征到达古蔺时的那一段峥嵘岁月。

1935 年 1 月底，红军一渡赤水，进入四川南部的古蔺、叙永地区。

2 月初，红一军团第二师行军途经古蔺县大寨坝。由于国民党军队事先进行反动宣传，大肆散布谣言，这里的群众听说红军来了，大部分能走动的都躲避了起来。

为了让群众了解红军，消除疑惧，红军在大寨坝的石坎上写下了“打土豪，分田地”的口号，还在寨子里的墙壁、路口张贴标语、布告，宣传共产党的主张、政策和红军的宗旨。

大寨坝里有一位名叫陈万珍的村民，由于怀着八个月身孕无法躲避，只得待在家里。初见红军，她十分害怕。见此情形，红军战士和气地对她说：“你不要怕，我们是工农红军，是打富济贫，为贫苦农民谋利益的军队。”战士们还向她讲了许多革命道理。听着亲切的话语，又看到红军待人热情和善，陈万珍消除了恐惧。她主动为红军烧茶送水，红军战

◆ 中国工农红军四渡赤水太平渡陈列馆

士用开水和着自身带的干粮就吃了，再饿再累也绝不拿她家的一针一线。晚上，有的红军战士住在她家，有的在屋檐下铺块布就睡了。

寨子里越来越多的群众听到了红军的宣传，又亲眼见到红军纪律严明，言行一致，不打人、不骂人、不拉夫、不派款，爱护群众财产，尊重妇女。他们这才相信这群衣着破烂、脚穿草鞋、头戴斗笠的人，是真正为老百姓谋福利的仁义之师，由惧怕变成了主动与红军接近。

红军离开时，看到陈万珍家里很穷，就把一口铜锅送给了她，并告诉她铜锅比砂锅耐用，让她用来煮饭。红军走后不到一个月，陈万珍就生下了孩子。

直到新中国成立后，陈万珍才告诉家人这口“红军锅”的故事。她时常对儿子说，“你就是吃这口锅煮的饭长大的”，并嘱咐他一定要保存好铜锅，不要丢失。直到 1974 年临终前，陈万珍老人还一再叮嘱家人：“红军是我们穷苦百姓的恩人，他们送的铜锅一定要保存好，一定要把它当作我们家的‘传家宝’。”

对这口“红军锅”，陈万珍全家人都格外珍惜，历经四代，保留至今，直到捐献给纪念馆。陈万珍的儿子说：“虽然我们住的房子从以前的沙皮（杉树皮）房变成了现在的青瓦房，家里的家具电器也更新换代了好几轮，但‘红军锅’一直被保存到现在。”

一口“红军锅”的小故事，从侧面生动地反映出我们党、红军与老百姓的鱼水关系。红军用自己的实际行动，让广大人民群众深刻认识到，只有红军才是人民的军队，只有中国共产党才是为人民谋利益的党，只有中国共产党指引的道路才是人民群众翻身得解放的正确道路。

四、用实际行动争取藏族同胞

1936年3月，红四方面军长征到达甘孜炉霍一带。为阻挠红军北上，国民党政府勾结藏区的反动喇嘛和土司头人，组织反动武装，大肆污蔑共产党和红军，严令群众不准卖粮给红军、不准给红军带路、不准给红军当“通司”（翻译），胁迫群众上山隐蔽，妄图置红军于绝境。因此，红军所到之处空空如也，红军面临着物资匮乏的严重困难。

能否争取到藏族同胞的支持，成为红军能否北上的关键。为此，朱德向部队颁布了关于民族工作的规定，即尊重当地的风俗习惯，爱护藏族同胞的一草一木，不经允许不进藏胞的房屋，看管并喂养好藏族同胞留在家中的牛羊等。朱德还召集各部队负责人开会，要求加强政治工作，严格执行党的民族政策，自觉遵守“三大纪律八项注意”，用实际行动争取藏族同胞。他还找来随红军行动了一段时间的“通司”谈话，请他带几个人上山寻找藏民，做宣传解释工作，动员大家回来。

命令一出，令行禁止。部队把街道打扫得干干净净，露宿在树底下或屋檐下。没有粮食，就到附近采蘑菇、挖野菜充饥。

4月，高原上的春天已悄悄到来。朱德看一片片土地正等待着耕耘，就发动总部机关和部队帮助群众种地。在动员大会上，他对指战员说：

“俗话说，人误地一时，地误人一年。现在，由于藏族同胞暂时对我们还不了解，不能回来种地，我们能看着春播的大好时节，从眼皮底下溜过去吗？不能！这一季种不上，藏胞们将来吃什么呢？我们和藏胞是兄弟，是一家，我们要邦助藏胞把地种上，而且要种好，这是我们的义务和责任……”[①] 朱德每天都拿着镢头，在田间与红军将士干农活，把许多事情留到晚上处理，常常工作到深夜。不久，藏族同胞们陆续回来，他们对红军的疑虑逐渐消除了，炉霍镇重新热闹起来。红军与当地藏族同胞建立了良好关系。

红军在藏族地区执行了正确的统一战线政策和宗教政策，并与当地土司签订了互不侵犯协定，对各处的寺庙秋毫无犯。甘孜县城附近有一座白利寺，住持是五世格达活佛。他出身贫寒，7 岁时被认定为甘孜白利寺五世格达活佛，17 岁时去拉萨甘丹寺学经，8 年后获格西学位，后返回白利寺，为贫苦农牧民众、信徒们布道，在当地影响很大。他被红军的宗教政策和“解救穷人”的宗旨所感动，并以此判定红军不像国民党和一些土司头人宣传的那样烧杀抢掠，而是一支能够解放劳动人民脱离苦海的军队，是藏族人民的好朋友、大救星。

格达活佛派喇嘛给红军送去了青稞 130 余石、豌豆 22 石，不仅倾尽白利寺所有，而且还亲自前往附近的亚龙寺、更龙寺，动员两寺出钱、

① 贾守仁:《在跟随朱德总司令的日子里》，山东人民出版社，1978，第 26—27 页。

出粮支援红军。随后，格达活佛又亲自到山里召回逃匿到深山的村民，并动员他们尽力支援红军。这时候，藏民们也感到红军是一支好队伍，他们互相转告，畏惧情绪也逐渐消失了，陆续回来和红军一起春播种地。格达活佛热诚帮助红军的事迹很快传遍各地，也传到了红军总部，受到了朱德等人的高度关注。

朱德听到这个情况后，亲自到白利寺看望格达活佛，向他说明红军长征的目的和意义，鼓励他多为贫苦的藏民谋利益，长谈后，格达活佛更积极地支持红军的工作。从此，格达活佛走上了一条维护祖国统一和民族团结的光荣之路。

红军在甘孜的几个月时间里，朱德先后 9 次与格达活佛进行交谈。一次又一次的交心恳谈，使得朱德和格达活佛成为亲密的朋友，谱写了一段被汉藏同胞久久传唱的民族团结之歌。1936 年 6 月，藏族人民自己的政府——中华苏维埃波巴政府在甘孜成立，格达活佛被选为副主席。

在格达活佛的支持和帮助下，藏族同胞积极拥护和支持红军。红四方面军广大指战员经过几个月的共同努力，不仅解决了自己需要的大部分御寒装备，还给将要到来的红二、红六军团的战友们织了 2 万多件羊毛衣裤。

7 月 2 日，红二、红六军团齐集甘孜，同红四方面军胜利会师。在庆祝两大主力会师的盛大联欢会上，朱德深情地说："我们能在这块土地上生存、发展，靠的是藏族同胞的支持和帮助。我们还要继续北上，在我们前进的道路上，还要跋涉茫茫的草地，但是只要有了藏族同胞的支持，我们一定能够克服一切困难。”

7月中旬，红军继续北上，藏族同胞依依不舍，前来送行。行前，朱德和格达活佛话别。朱德在红缎上为格达活佛题词：“红军朋友，藏人领袖。”并将自己的八角军帽赠送给格达活佛，对他说：“这顶帽子留给你，看到它，就像看到了红军。少则5年，多则15年，我们一定会回来。”

红军北上后，格达活佛冒着风险将230多名红军伤病员接到寺中保护起来，并精心为他们治病疗伤。他还将红军保护寺庙的文件、与红军签订的互助协议及波巴政府的大印，都收集保存起来。他非常想念红军，关心红军北上抗日的情况，经常打听朱总司令、刘伯承将军以及红军的消息。他深信中国革命必然胜利，经常向亲朋好友说：“红军一定会回来，藏族人民一定会翻身的。”

1937年，国民党派往康藏的督导员马其武到甘孜巡视。马其武特地带上军统西昌站部长徐远举到白利寺“拜会”格达活佛，要求他参加国民党，以此“挽回影响”。这一要求遭到格达活佛的严词拒绝。不久，国民党又派人来动员格达活佛担任西康省参议员，同样遭到拒绝。

为了摆脱国民党的纠缠，格达活佛带着甘孜波巴政府的印章、文件，以朝佛为名到拉萨避难。在拉萨期间，他对红军仍然十分怀念，把自己珍藏的一张朱德的照片供在佛堂里，经常为朱德念经祝福，为红军祈祷平安。他还经常打听红军的消息，向拉萨的友好人士宣传共产党的政策。在拉萨，他一住就是10年，直到1947年才返回甘孜白利寺。

1950年，中共中央给格达活佛发电报，请他以特邀委员的身份参加政治协商会议。那时，西藏还没有解放，任西康省人民政府副省长的格达活佛主动要求进藏劝和。他在给中共中央的回信中说："为了西藏早日解放，现在什么都顾不上了，我要等西藏问题解决以后，再去北京见总司令。""等西藏解放了我再来参加会议。"中央同意了他的请求，还派专机给他空投了进藏所需物资。

1950年7月10日，格达活佛毅然决定前往西藏劝和，途中被阻止他进藏劝和的英国间谍毒害。8月22日，格达活佛在昌都圆寂，终年47岁。

藏族百姓为纪念朱德与格达活佛的深厚友谊，特地将朱德和格达活佛会晤的情景制作成唐卡画。1993年，甘孜县政府还在旭岭修建了朱德总司令和五世格达活佛纪念馆。

第二节

高举大旗汇聚抗日力量

1931年，九一八事变爆发后，把各种要求抗日的力量汇合起来，组成抗日民族统一战线，共御外敌，抗击日本侵略者的使命历史地落在中国共产党身上。长征途中，中国共产党高举全民族团结抗战的大旗，推动了抗日民族统一战线的形成，吹响了全民族觉醒和奋起的号角，汇聚起团结抗日、一致对外的强大力量。广大人民群众深刻认识到，中国共产党是为人民谋利益的党，红军是人民的军队、真正抗日的力量，中国共产党指引的道路是人民群众翻身得解放的正确道路。

一、利用矛盾争取国民党地方军阀

红军长征中，蒋介石调集几十万军队对红军进行围追堵截，其中有国民党中央军，也有不少地方军阀。一些地方军阀不满蒋介石“攘外必先安内”的政策，又对蒋介石在“追剿”红军时采取“一石二鸟”的手段，力图使各地方军阀在与红军作战中两败俱伤，从而达到既消灭红军，又乘机削弱甚至吃掉地方军阀势力的图谋心存疑惧。这就为红军利用矛盾，争取地方军阀，建立抗日反蒋统一战线提供了有利条件。

长征前夕，国民党南路军总司令陈济棠对蒋介石“一箭双雕”的做法早有领教。为了保存实力，避免和红军大规模作战，也为了防止蒋的中央军乘机入粤，1934 年 9 月，陈济棠派出一个李姓代表秘密赴中央苏区面见朱德、周恩来，要求举行秘密谈判。红军此时正在寻找战略转移的突破口，两者一拍即合。

10 月 5 日，红军代表潘汉年和何长工携带朱德的亲笔介绍信奉命前往国民党粤军管辖区——寻乌县罗塘乡与陈济棠的代表进行了 3 天 3 夜的秘密谈判，最后达成了就地停战、互通情报、解除封锁、相互通商和必要时相互借道等 5 项协议。

谈判结束后，潘汉年、何长工立即返回向周恩来详细汇报了谈判情况。周恩来听后高兴地说：“这次谈判谈得很好，将对我们红军、中央机关的突围转移起到重大作用。”事实证明，陈济棠确实遵守了协议，未主动攻击红军。他派出的“追剿”部队始终与红军保持一两天的路程，“敲

◆ 罗塘谈判旧址

梆式堵击，送行式追击”。据《中国人民解放军战史》记载：中央红军长征过粤北，历时 18 天，无战事。

罗塘谈判的成功是中国共产党人充分利用蒋介石与地方军阀之间的矛盾，正确运用统战策略的结果，表现出了超群的政治智慧，为红军确定突围方向作出了重要贡献。

12 月，中央红军进入云南。中共中央利用龙云对蒋介石的戒心和对红军只追不堵的方针，通过争取龙云使中央红军顺利通过云南。中央红军进入四川后，当地军阀杨森部主动同红军将领朱德取得联系，经过双方信函往来，红军不放一枪一弹，安全通过了杨森的地盘。1935 年夏，正当中央红军要同红四方面军会师时，邓锡侯奉命率部侧击红军。朱德致信邓锡侯：国难当前，红军和川军应停止内战，一致抗日。邓锡侯命令追击部队与红军保持一天行程的距离，以应付蒋介石。

其他几路长征的红军，也纷纷开展了对地方军阀的争取工作。比如，1934 年初，红四方面军同四川军阀杨森达成了分驻巴河两岸、互不侵犯的协议，川军还给红军送来食盐；1936 年 2 月，红二、红六军团长征进入云南，军团副总指挥萧克等给国民党滇军将领孙渡写信，建议双方缔结抗日停战协定，孙渡转报龙云，龙云令孙渡只尾追红军，将红军送出滇境即可。

三大主力红军和红二十五军之所以能够取得长征胜利，其中一个重要原因就是，充分利用国民党内部的派系矛盾，通过争取地方军阀打破了蒋介石的“追剿”计划和部署。

二、团结和争取中间党派

1935 年，日本帝国主义策动华北事变，国民党南京政府接连与日本帝国主义签订卖国协定。在此形势下，中国共产党于 8 月发表了《八一宣言》，呼吁一切党派、军队和各界同胞都应以“兄弟阋于墙，外御其侮”的真诚觉悟，停止内战，以便集中一切国力为抗日救国的神圣事业而奋斗。随后，中国共产党进一步提出建立抗日民族统一战线的具体主张。这为争取和团结中间党派打下了坚实的政治基础。

中国共产党的主张首先得到了中间党派的拥护和响应。7 月至 8 月，李济深、陈铭枢等人在香港成立中华民族革命同盟。11 月，“第三党”在

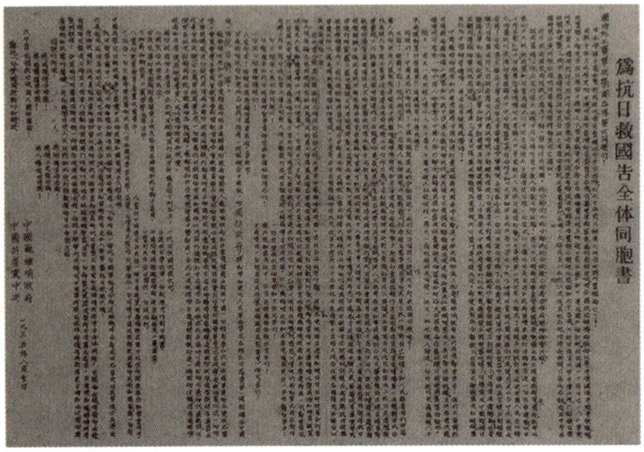
爲抗日救國告全体同胞書

◆ 《为抗日救国告全体同胞书》

香港召开第二次全国干部会议，重新成立中华民族解放行动委员会。它们作为上层小资产阶级和部分民族资产阶级的政治代表，从开始建立就以鲜明的政治立场投入到民族民主革命斗争的洪流，他们把全民族抗战作为直接目标，坚决主张抗日反蒋。

12 月 12 日，沈钧儒、马相伯、章乃器、邹韬奋等 280 余人，发表了《上海文化界救国运动宣言》，表达了他们对民族危亡的深切忧虑和奋起救国的决心："在这生死存亡间不容发的关头，负着指导社会使命的文化界，再也不能够苟且偷安，而应当立刻奋起，站在民众的前面而领导救国运动！"①

12 月，毛泽东在陕北瓦窑堡党的活动分子会议上作了《论反对日本帝国主义的策略》的报告。毛泽东在报告中指出，目前中国的和世界的

① 《上海文化界救国运动宣言》（1935 年 12 月 12 日），载周天度、孙彩霞编《救国会史料集》，中央编译出版社，2006，第 65 页。

反革命力量暂时大于革命力量，要战胜敌人，就必须组织千千万万的民众，调动浩浩荡荡的革命军。革命不仅需要主力军，还需要同盟军。另一方面，毛泽东还对民族资产阶级的“两重性”（即革命性和妥协性）作了精辟分析，明确指出：“民族资产阶级的这种两重性，决定了他们在一定时期中和一定程度上能够参加反帝国主义和反官僚军阀政府的革命，他们可以成为革命的一种力量。”[①] 他们在革命与反革命之间徘徊，其中的左翼参加斗争的可能性较大，但需要争取和团结。除此之外，毛泽东还很重视敌人营垒中为了各自利益而发生矛盾分化出来的一部分人。他认为：“我们要把敌人营垒中间的一切争斗、缺口、矛盾，统统收集起来，作为反对当前主要敌人之用。”[②] 可以说，毛泽东对当时政治形势的正确分析和估量，特别是对民族资产阶级的两重性和利用地主买办营垒内部矛盾的可能性问题的精辟分析，是中国共产党自八七会议以来政治路线的重要转变，其科学论证为建立抗日民族统一战线指明了方向，奠定了坚实的理论基础。

长征中，中国共产党对中间党派采取团结与争取的政策，即“政治上争取团结合作、组织上切实扶持帮助、利益上充分尊重照顾、思想上

---

① 毛泽东：《中国革命和中国共产党》（1939 年 12 月），载《毛泽东选集》第 2 卷，人民出版社，1991，第 640 页。

② 毛泽东：《论反对日本帝国主义的策略》（1935 年 12 月 27 日），载《毛泽东选集》第 1 卷，人民出版社，1991，第 148 页。

给予说服批评”的策略，迫使国民党放弃“攘外必先安内”的误国政策，为工农民主统一战线的巩固和发展、抗日民族统一战线的建立起到了巨大作用。

三、组织发动群众性抗日救亡运动

工人、农民、学生等人民群众是革命力量的主要组成部分，也是中国共产党统一战线的基础。组织并发动群众性抗日救亡运动，是长征中中国共产党统战工作的重要内容之一。

早在九一八事变爆发的第三天，即1931年9月20日，中国共产党代表全国人民的愿望，率先发表了《中国共产党为日本帝国主义强暴占领东三省事件宣言》，提出:“反对日本帝国主义强占东三省！立刻撤退占领东三省的海陆空军！自动取消一切不平等条约！”9月30日，中共中央发表了《中国共产党为日帝国主义强占东三省第二次宣言》。11月27日，中华苏维埃共和国临时中央政府发表对外宣言，号召全国人民动员起来，反对日本的侵略和国民党的反动统治。

此后，尽管受到党内“左”倾错误影响，以及蒋介石的“攘外必先安内”的政治决策打击，中国共产党发动的群众运动，特别是工人、学生抗日运动一直没有间断。而在红军长征的艰难时期，中国共产党依然充分利用地下党组织，不断发动群众运动，唤醒各民族、各阶级、各阶层人们的救国觉悟，给日本帝国主义及国民党当局以巨大压力。

1935年华北事变爆发后，中日关系迅速恶化，中日矛盾逐渐上升为国内主要矛盾。在此关键时刻，以中华苏维埃共和国中央政府和中国共产党中央委员会的名义发表的《八一宣言》，明确指出，在中华民族已经处于“千钧一发的生死关头”，抗日救国已成为“每个同胞的神圣天责”，呼吁全国各党、各派停止内战，组织起全中国的“国防政府”和“抗日联军”，实行“全体同胞总动员”，以战胜日本帝国主义。

当中央红军到达陕北后，中共中央于11月13日发表《中国共产党中央委员会为日本帝国主义并吞华北及蒋介石出卖华北出卖中国的宣言》，指出只有全国民众的总动员，与坚决的武装斗争，我们才能取得抗日反蒋的最后胜利。此外，中国共产党还在国统区积极发动各界爱国人士的抗日救亡运动，并适时确立了抗日民族统一战线的策略方针，将国内抗日运动逐步推向高潮。

11月以后，由于华北形势处于严重危机的时刻，处在国防最前线的北平学生悲愤地喊出：“华北之大，已经安放不得一张平静的书桌了！”12月9日，在以李长青、彭涛、周小舟等组成的中国共产党北平临时工委领导下，在姚依林、郭明秋、黄敬、宋黎等在学生中工作的共产党员组织和指挥下，东北大学、清华大学、燕京大学、北京大学等高等院校和部分中学的学生，共6000余人涌上北平街头举行声势浩大的抗日救国示威游行。一二·九运动再次将抗日救亡运动推向高潮。

在北平学生英勇斗争的感染下，全国各地民众纷纷响应一二·九运动。从 12 月 11 日开始，天津、太原、济南、杭州、武汉、上海、重庆、成都、南宁、广州等大中城市，均爆发了学生抗日集会和游行示威活动，声援北平学生的爱国行动。12 月 18 日，中华全国总工会发表《为援助北平学生救国运动告工友书》，号召全国各业、男女工友起来召集群众会议，发表宣言与通电，抗议汉奸卖国贼出卖华北与屠杀、逮捕爱国学生。12 月 21 日，上海市总工会通电声援北平学生，呼吁全国同胞一致，集合整个民族的力量，反对任何伪政府组织之存在，以维护主权保卫国土。广州铁路工人，上海邮务、铁路工人举行集会，发通电，要求对日宣战。宋庆龄、鲁迅等知名爱国人士赞扬爱国学生的英勇奋斗精神，捐款支持学生抗日救国运动。海外华侨也以各种方式支援爱国学生。

长征中，中国共产党组织发动的群众性抗日救亡运动，揭露了日本吞并华北进而侵略全中国的阴谋，使全国各民族、各阶级、各阶层人士普遍受到了深刻的爱国主义教育，党组织和青年学生得到了极大锻炼，也激发了广大群众强烈的抗日救国热情。同时，这些运动有力地打击了国民党政府妥协退让的不抵抗政策，敦促其对日政策作出调整与改变，并促使其走上抗日道路，为最终建立抗日民族统一战线作出重大贡献。

◆ 北京师范大学一二九纪念碑

四、抗日民族统一战线凝聚人心

1935年夏秋之间，日本帝国主义制造华北事变，妄图吞并华北进而灭亡整个中国。12月9日，北平爆发了一二·九运动，把全国的抗日救亡运动推向新高潮。此时，中国共产党面临着从土地革命战争向民族革命战争转变的新形势。为了对整个形势作出分析，制定出适合新情况的完整的政治路线和战略方针，12月17日，中共中央在陕北安定县瓦窑堡召开政治局扩大会议。出席会议的有毛泽东、张闻天、周恩来、博古、李维汉、王稼祥、刘少奇、邓发、张浩、邓颖超、吴亮平、郭洪涛等十多人。这次会议是在中日民族矛盾日益加深，大规模的抗日民主运动重新高涨的形势下，为制定正确的政治路线和革命策略而召开的。

会议着重讨论了全国政治形势和党的策略路线、军事战略，确立了建立抗日民族统一战线的新策略，并相应地调整了各项具体政策。

12月25日，会议通过了《中央关于目前政治形势与党的任务决议》，决议分析了当时政治形势的基本特点，规定了党在新形势下的策略路线，指出当前时局的基本特点是日本帝国主义“正准备并吞全中国，把全中国从各帝国主义的半殖民地变为日本的殖民地”。民族矛盾已上升为主要矛盾。一切不愿当亡国奴，不愿充当汉奸的中国人的唯一出路，就是向着日本帝国主义及其走狗汉奸卖国贼展开神圣的民族战争。决议认为，民族革命的新高潮推醒了工人阶级和农民中的落后阶层；广大的小资产阶级群众和知识分子已转入革命；一部分民族资产阶级，许多乡村富农和小地主，甚至一部分军阀也有对革命采取同情中立的态度以至有参加的可能。党应该采取各种适当的方法与方式，去争取这些力量到反日战线中来。决议指出，在地主买办阶级营垒中间，也不是完全统一的，党也应利用他们之间的矛盾与冲突，以利于抗日民族解放斗争。对于日本帝国主义与其他帝国主义之间的矛盾，也应采取这样的策略。决议指出，党的策略路线是发动、团结与组织全中国全民族一切革命力量去反对当前主要的敌人——日本帝国主义与蒋介石。

为了结成广泛的抗日民族统一战线，决议批评了党内长期存在的“左”倾关门主义，分析了它的来源与危害，指出这是目前党内的主要危险，必须坚决加以纠正。

决议提出了中国共产党在抗日民族统一战线中的领导权问题，强调共产党必须以自己彻底的反日、反汉奸卖国贼的言论和行动去取得统一战线的领导权，只有在共产党领导之下，反日运动才能取得彻底的胜利。此外，为了适应抗日民族统一战线的需要，决议提出将工农共和国改为人民共和国等问题，并相应地改变了党的若干政策。

12 月 23 日，毛泽东作了军事问题的报告。同日，根据毛泽东的报告，会议通过《中央关于军事战略问题的决议》，提出红军行动的战略方针：把国内战争同民族战争结合起来，准备直接对日作战力量和猛烈扩大红军。

瓦窑堡会议，是中国共产党在中华民族危亡关头，在中国革命的转折时刻，在红军扩大发展的重要时刻，召开的一次极为重要的会议。会议科学地分析了中国的政治形势，解决了遵义会议没有来得及解决的党的政治策略问题，制定了全党全军进入新阶段的基本战略方针，为红一方面军规定了战略任务，指明了前进的方向。从此，中国革命开始由国内革命战争转为抗日民族革命战争。

第三节

播撒火种促进民族团结

民族正义是胜利之本，民族团结是发展进步的基石。红军长征是为民族正义而战，为遭受剥削和压迫的贫苦老百姓而战。长征途经的土家族、彝族、藏族、回族等少数民族聚居区，占红军长征经过地区的50%以上。中国共产党和红军始终高举苏维埃和民族团结的旗帜，坚持把苏维埃革命的火种播散各地，与少数民族地区群众心连心、手拉手地开展土地革命；向当地老百姓积极宣传民族平等团结政策，充分尊重各民族的风俗习惯和宗教信仰，所到之处秋毫无犯；帮助少数民族建立革命政权和武装，进行民族区域自治的初步尝试；等等。这些举动赢得了所到之处各族群众的理解和拥护，凝聚了民族团结的精魂。

一、彝海结盟筑民族团结丰碑

1935年5月初，中央红军巧渡金沙江后，中革军委下达了“迅速北进，抢渡大渡河”的电令。从泸沽北上渡河有两条路，一条是通往成都的大道，经越嶲到大树堡，渡河至富林；另一条是崎岖险道，经冕宁、大桥场、大凉山彝族聚居区到石棉县安顺场渡河。国民党军判定红军会避开彝族聚居区走大道，因而在富林一带派重兵把守。军委反其道而行之，决定走小道，经彝族聚居区渡河。

彝族是中国的少数民族之一，主要分布于西南地区。由于历史原因，彝族人自古敌视汉人，加之国民党政府和当地军阀的长期压迫，更是对军队充满敌意。因而，红军想通过彝族聚居区困难重重、前途难测。

◆ 彝海结盟纪念碑

5月19日，红军总政治部为使红军顺利通过彝族聚居区专门下文《总政治部关于争取少数民族工作的训令》，指出："野战军今后的机动和战斗，都密切的关连着争取少数民族的问题。这个问题之解决，对于实现我们的战略任务，有决定的意义。因之，各军团政治部必须立即把这个问题提到最重要的地位。"[①] 与此同时，以红军总司令朱德的名义发布了《中国工农红军布告》，用通俗易懂、真切感人的语言将红军对少数民族的政策公之于众，以便消除彝族群众对红军的疑惧。

中国工农红军，解放弱小民族；一切彝汉平民，都是兄弟骨肉。
可恨四川军阀，压迫彝人太毒；苛捐杂税重重，又复妄加杀戮。
红军万里长征，所向势如破竹；今已来到川西，尊重彝人风俗。
军纪十分严明，不动一丝一粟；粮食公平购买，价钱交付十足。
凡我彝人群众，切莫怀疑畏缩；赶快团结起来，共把军阀驱逐。
设立彝人政府，彝族管理彝族；真正平等自由，再不受人欺辱。
希望努力宣传，将此广播西蜀。[②]

① 《总政治部关于争取少数民族工作的训令》（1935年5月19日），载中国工农红军长征史料丛书编审委员会编《中国工农红军长征史料丛书·文献（2）》，解放军出版社，2016，第145页。

② 《中国工农红军布告》（1935年5月），中国工农红军长征史料丛书编审委员会编《中国工农红军长征史料丛书·文献（2）》，解放军出版社，2016，第147页。

中革军委委派总参谋长刘伯承迅速赶往红一军团组建先遣队，并兼任先遣队司令，红一军团政治委员聂荣臻兼先遣队政治委员。为了顺利通过彝民聚居区，迅速抵达大渡河畔，毛泽东在出发前，再三嘱咐刘伯承，先遣队的任务不是打仗而是宣传党的民族政策，只要我们全军模范地执行纪律和党的民族政策，取得彝族人民的信任和同情，彝民不会打我们，还会帮助我们通过彝民区，抢渡大渡河。

5 月 20 日晚 9 时，刘伯承和聂荣臻率红一军团第一师第一团进入冕宁。中共冕宁地下组织在陈野萍、廖志高的领导下，作好了解放冕宁的准备。5 月 21 日，朱德向各部队发出行军命令，并指示刘伯承、聂荣臻于 5 月 24 日前控制安顺场渡口。5 月 22 日，红军开始进入大凉山地区。红一军团组织部部长萧华与红军总部工作团团长冯文彬率领红一军团侦察连组成的工作团开路。红一方面军工兵连随后跟进。红军先遣队司令刘伯承、政治委员聂荣臻亲自对官兵进行动员、指示：彝民不了解红军，我们必须以实际行动取得彝民的信任，无论如何不准向彝民开枪，谁开枪谁就违反党的政策和军队纪律。

先头部队刚到喇嘛房，就被手持棍棒、长矛、弓箭、土枪等各种武器的彝民堵住了去路。跟在主力后面约 100 米远的工兵连，也遭到彝民堵截。彝民几个人捆住一个红军，开始动手抢红军的架桥器材和工具。东西抢完了，又将红军官兵摁倒在地，开始剥抢衣服。

面对突如其来的情况，刘伯承、聂荣臻命令部队停止行军，在袁居海子一带驻足待命。四周是山崖、沟谷、林间，彝民向海子一带包围过来。为防止不测，刘伯承当即布置防守阵地。同时，由聂荣臻带领宣传队和通司向彝民喊话，耐心地讲解共产党的民族平等和民族团结政策，说明红军只是借路北上抗日，决不久驻。

住在海子附近的果基家支首领小叶丹听了红军的宣传，又看到红军纪律严明、正义威武，便与红军联络，希望讲和，不动武。萧华立即通过通司与小叶丹方对话，向他们说明红军与国民党军队不同，是替受压迫的人打天下的，此次进入彝民区不是打彝胞，而是借路北上；并根据彝人重义气的特点，告诉他，红军刘伯承司令率领大批人马也要路过此地，愿与小叶丹结为兄弟。随后，萧华立即向刘伯承和聂荣臻汇报，并建议刘伯承遵从彝族风俗与小叶丹结拜为兄弟，以消除彝民的疑惧，取得他们的信任和帮助。刘伯承当即表示，我们和彝族不结盟是兄弟，结盟更是兄弟，我们共产党人应该做民族团结的模范。

结盟仪式在横断山脉的一个山谷间附近的海子边上举行。刘伯承一行来到海子边时，小叶丹也来了。他看到刘伯承，便率众人下跪行磕头礼，刘伯承急忙上前扶住，不让他行礼。刘伯承拉着小叶丹的手说，红军借道北上是为受压迫的人打天下的，红军和彝族人民是同胞兄弟，等消灭了国民党，大家就能过上好日子。

于是，结拜仪式顺利开始。按照彝族习俗，结拜兄弟要杀鸡喝血酒，没有酒，他们就用湖水代替。刘伯承和小叶丹并排跪在地上，小叶丹首先端起碗，郑重宣誓："我小叶丹今日与刘司令结为兄弟，如有三心二意，同此鸡一样死。"刘伯承也高高地端起碗，大声宣誓："上有天，下有地，我刘伯承与小叶丹今天在海子边结义为兄弟，如有反复，天诛地灭。"发誓后，两人一饮而尽。

彝海结盟后，彝族同胞护送红军通过彝区，不仅为红军飞夺泸定桥、强渡大渡河赢得了宝贵时间，也在彝区埋下了革命火种，帮助彝族人民建立了革命武装——中国夷（彝）民红军沽鸡（果基）支队，谱写了民族团结的光辉篇章。

二、军民一心开辟鄂豫陕苏区

鄂豫陕苏区，以陕西东南部的商洛地区为中心区域，是土地革命战争后期，由中共鄂豫陕省委领导红二十五军在长征途中与当地群众团结一心开辟的。鄂豫陕苏区的区域范围，包括湖北的郧先、郧西，河南的卢氏、西峡、淅川，陕西的和雒南、商南、丹凤、商县、山阳、镇安、柞水、蓝田、长安、宁陕、洵阳、佛坪、洋县等县（市）的大部或一部分。

1934 年 12 月 10 日，红二十五军在陕西雒南庾家河街宿营时，与国民党军第六十师和第四十二师第二四八团发生激战，最终挫败了敌人的追击，使他们狼狈地撤出战斗。这次战斗的胜利，有效地打击了尾追之敌，结束了红二十五军历时 20 多天、长驱 1800 多里挺进陕南的战斗历程，使红二十五军暂时摆脱困境，为创建鄂豫陕苏区奠定了基础。

与此同时，中共鄂豫皖省委召开第十八次常委会议，决定在鄂豫陕创建新的苏区，将中共鄂豫皖省委立即改为中共鄂豫陕省委。从此，中共鄂豫陕省委肩负起开辟鄂豫陕苏区的重任。

12 月 11 日，中共鄂豫陕省委移至庾家河以西的雒南县蔡川对部队进行整编。中共鄂豫陕省委和红二十五军在蔡川经过一周的休整，向干部战士深入传达了省委庾家河会议的决议，整编了部队，从思想上、组织上为开辟鄂豫陕苏区作了充分准备。1935 年 2 月 19 日，鄂豫陕省委在郧西召开会议，再次提出大量扩大红军，建立地方武装，建立苏维埃政权的战略目标。这次会议，明确放弃入川，就地创建苏区的目标。这一决策为红二十五军在陕南积蓄力量，北上接应中央红军创造了条件。

此后，红二十五军经过奋战，初步在郧西、洵阳、镇安、山阳等 4 县边区建立了苏区的基础，并扩大红军 400 余名，同时与国民党军进行了多次战斗，粉碎了敌人的“围剿”。

1935 年 4 月上旬，鄂陕边区苏维埃政府在山阳县袁家沟成立，统一领导鄂陕边区的各级苏维埃政府。4 月中旬，中共鄂豫陕省委在葛牌镇召开扩大会议，不失时机地提出准备粉碎国民党军第二次“围剿”和加紧建设苏区的任务。这次会议的召开与鄂陕边区苏维埃政府的成立，标志着鄂豫陕苏区的建成。

5月11日，中共鄂豫陕省委在庾家河正式宣布成立中共豫陕特委和豫陕游击师。6月下旬，豫陕游击师发展到400余人，整编为4个大队。在中共鄂豫陕省委和鄂陕特委领导下，各大队积极配合区、乡苏维埃政府，建设和发展苏区。经过半年多的艰苦斗争，鄂豫陕苏区先后“建立了鄂陕边区苏维埃政府，镇安、五星、山阳县苏维埃政府或筹备处，13个区、70个乡、314个村苏维埃政权，从村到边区分为5级，苏维埃政府组织机构比较健全，职能分工明确”[①]。

为了扩大部队，红二十五军一边坚持军事斗争，一边放手发动群众，宣传工作有声有色。在印发《什么是红军》传单之后，又刻印了《关于商业政策问题》《告国民党士兵书》等布告。其中在《告国民党士兵书》发布不久，国民党陕军警备第一旅的一个连就投诚参加了红军。同时，红二十五军通过书写红军标语，团结和发展农民，扩大队伍。

1935年7月，红二十五军北出终南山，前锋直达西安附近的韦曲、杜曲，由于没有电台无法同中央联系。7月15日，原鄂豫皖省委交通员石健民从上海转道西安抵达红二十五军，带来了中央文件和“红一、红四方面军会合，并有北上动向”的消息。为进一步摆脱国民党军“围剿”，配合中央红军取得长征胜利，15日晚，中共鄂豫陕省委在沣峪口召开紧急会议，决定立即西征甘肃，北上陕北，巩固陕北苏区，同时决定

① 中共陕西省委党史研究室、中共商洛地委党史研究室编《鄂豫陕革命根据地史略》，中共党史出版社，1992，第132页。

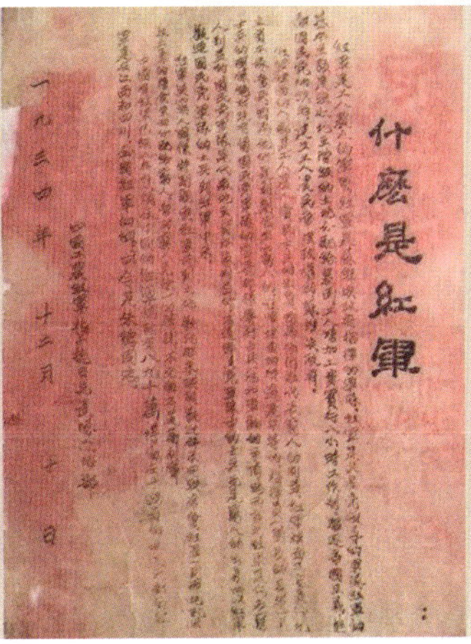
什麼是紅軍

一九三四年十二月十日

◆ 《什么是红军》宣传单

将鄂陕、豫陕两个特委合并，统一领导苏区的武装力量，坚持斗争。7 月 30 日，中共鄂豫陕省委率红二十五军主力，离开鄂豫陕苏区，从西江口出发继续长征。

在鄂豫陕苏区，红二十五军播散了革命的火种，也赢得了百姓的信任。正是有了当地穷苦百姓的支持，红二十五军在鄂豫陕苏区充实了力量，来时部队 2500 余人，只用了 7 个月的时间，就发展到包括地方游击师、抗捐军在内的 6000 多人。红二十五军广泛宣传红军的主张和政策，不仅为部队增强了战斗力，也为长征走向胜利吹响了号角。

红二十五军离开后，鄂陕、豫陕两个特委于 1935 年 9 月在陕西商南县梁家坟村召开会议，决定成立中共鄂豫陕特委。为有利于长期坚持武装斗争，中共鄂豫陕特委将根据地游击队合编组建红七十四师，10 月 6 日在商南县距梁家坟不远的碾子坪正式成立，全师近 700 人。

在中共鄂豫陕特委的领导下，红七十四师在同上级失去联系、条件极端艰难的环境下，转战于鄂豫陕边区，打破了国民党军的三次“围剿”，取得了鄂豫陕边界地区的斗争胜利。

三、在少数民族地区播撒苏维埃运动的火种

列宁指出：“革命的根本问题是政权问题。”在长征途中，中国共产党人没有放弃理想信念，更未放弃苏维埃的旗帜，坚持把苏维埃运动的火种撒播到沿线，传播到广大西部山区。在军事斗争环境许可的情况下，党和红军领导机构通过在长征沿线积极召开群众大会，建立苏维埃基层政权，深入开展土地革命，以此凝聚民众、武装民众。

1934 年 11 月，中央红军进占湖南宜章县城后，召开了 3000 多人的群众大会，宣布成立宜章县苏维埃政权，建立赤卫队，释放被国民党关押的革命者和无辜群众，没收豪绅地主的财物，分给劳苦大众，并扩大红军四五百人。[①]

1935 年 1 月初，红军到达遵义后，受到了广大群众的热烈欢迎和拥护。广大红军将士严格执行纪律，让群众认识到：红军就是工农和一切革命分子自己的军队。早在红军到达遵义之前，遵义城内的革命群众自发成立了一个组织——“红军之友协会”。

① 杨尚昆：《杨尚昆回忆录》，中央文献出版社，2001，第 108—109 页。

经过深入政治宣传与鼓动，经过工人农民和革命知识分子中的积极分子的努力，红军很快地掀动了全城以及近郊群众的斗争热情，群众纷纷要求打土豪、分田地、组织工会等。1 月 12 日下午，无数的人们，挤满了第三中学的操场，到处插着各工会各团体的旗号。红军在这里召开群众大会。会议首先介绍了筹备情况。随后，朱德、毛泽东在会上发表讲话。他们用通俗易懂的语言，阐明了红军的主张，揭露了国民党的罪恶，使群众认识到“只有苏维埃才能救中国”“红军是工农自己的军队”的真理。会议期间，一位遵义籍小红军讲述了他当红军的经历。他原来是个孤儿，当红军不到两年，现在已经能够写墙报、看报纸了。他的讲述，让现场的群众明白了，红军不但是工农利益的保卫者，而且是工农的学校。

会议最后选举成立的遵义县革命委员会，推行党的土地政策、经济政策、劳动法等；发动贫苦农民没收地主的土地、房屋，分配给无地、少地的农民与小商人；清查贪官土豪，没收其财产分给贫民；组织工人游击队与革命先锋队等群众武装组织等，有力推动了当地的土地革命运动深入开展。

在党和红军的领导和帮助下，长征沿途各少数民族地区纷纷建立自己的新生民族自治政权。比如，1935 年 5 月，四川大凉山地区成立了冕宁县革命委员会；1935 年夏，四川阿坝地区成立了藏民苏维埃；1936 年夏，甘孜地区成立了中华苏维埃博巴自治政府；等等。特别是中华苏维埃中央博巴自治政府，作为藏族历史上第一个藏民自治政府，有着鲜明的施政纲领、较完善的组织系统和明确的奋斗目标，其斗争艰辛、成绩显著、知名度高、影响颇大。它的建立是中国共产党民族自治主张在藏区的第一次大胆尝试，同时也是康北藏族人民革命运动高涨的重要标志。

革命的果实需要革命的武装来保卫。“如果我们能够坚持群众的游击战争，其效果将使国民党无法顺利统治曾经得到解放的数百万群众，将使蒋介石许多部队受牵制。”① 红军长征中，红军总政治部印发《告工农劳苦群众书》，号召群众夺取民团和白军的武装，武装自己成立游击队，成立抗捐军，发展广大的游击战争。

1934 年 12 月，中央红军在黔东南的黎平帮助当地建立了苗族侗族武装自卫队（游击队）。毛泽东亲切接见并鼓励他们开展武装斗争，坚持革命到底。受其影响，一大批苗族武装如雨后春笋般地相继出现，其中黔西有 6 个支队，大定有 13 个支队，毕节则有 30 多个支队。

中央红军转战黔川期间，以红军战士为骨干，建立了数支游击队。比如，活跃在赤水河畔的黔北游击队、赤水河游击队，转战于川滇黔边区的川滇黔边区游击纵队，奋战在娄山南麓的遵湄绥游击队等。刘伯承与小叶丹“彝海结盟”后，中央红军帮助他们建立了彝民红军，积极开

① 中央档案馆编《中共中央文件选集》第 10 册，中共中央党校出版社，1991，第 487 页。

展武装斗争，多次粉碎了地方军阀邓秀廷的反革命“围剿”。

红二、红六军团在长征途中，先后在沿途建立多支游击队，如贵州抗日救国军、贵州苗族游击队。1936 年 2 月 9 日，红二、六军团占领毕节后，根据石阡会议的精神，立即在毕节开展根据地建设。最有影响的是在毕节组建了贵州抗日救国军，它不论政治派别，不论成分，把先后来毕节策应红二、红六军团行动的席大明、周质夫、阮俊臣等三支武装进行整编，建立了一支抗日反蒋的强大地方武装力量，为红二、红六军团在毕节建立根据地、宣传党的政治主张和抗日民族统一战线政策，以及扩大红军、筹集粮饷，实现红军的战略转移等方面，作出了积极的贡献。2 月底，红二、红六军团撤离毕节时，贵州抗日救国军司令员周素园、参谋长邓止戈率领第二支队随红军北上长征。留在地方坚持斗争的席大明、阮俊臣两个支队，从 3 月到 9 月半年时间，通过各种形式的武装斗争，有力地牵制了国民党军数万人的兵力，为红军长征作出了积极贡献。

红二、红六军团撤离后，在国民党正规军的轮番“围剿”和地方民团的追击下，贵州抗日救国军的处境越来越险恶。到 1936 年 9 月，席大明部只剩下 30 多名战士，几乎弹尽粮绝。席大明身患重病，行动艰难。部队只能化整为零，转入地下斗争。这时，席大明只留下 10 多岁的警卫员杨龙生在身边，隐蔽在杨家湾顾家院子治病。11 月 4 日，因有人告密，国民党军和地方民团突然搜查顾家院子，席大明不幸被捕，杨龙生英勇牺牲。席大明在狱中受尽酷刑，始终坚贞不屈，于11月16日被害于毕节大校场，时年33岁。

红二、红六军团长征后，黔南的布依族、苗族、汉族人民同红军留下的60多名战士一起，在贞丰、紫云、望谟和罗甸周边地区的大小麻山一带坚持斗争，成为威震国民党黔南统治的游击队。此外，云南迪庆藏区的贫民张文耀和红军留下的伤病员，领导群众进行暴动，联合维西、丽江、永胜、鹤庆、剑庆等8县的彝、藏、白、纳西、汉族人民4000余人，在“杀官安民”“打富济贫”的口号下，占领金沙江东岸桥头和格鲁湾一带，沉重打击了当地的统治者。

四、革命旗帜在少数民族地区高高飘扬

红军长征经过的地区，大都是西南、西北少数民族聚居区。少数民族群众由于受历史及地理环境等因素影响，与汉族有不同的宗教信仰和生活习惯。由于历史上的民族压迫和剥削，当地少数民族对汉人特别是汉族军队有很深的敌意，能否消除这种敌意，赢得他们的同情和支持，直接关系到长征的成败，更关乎中国革命的前途。

党和红军面对少数民族地区的新形势新情况，积极宣传和执行民族平等、民族团结的政策，充分尊重少数民族的风俗习惯，认真保护少数民族群众利益，努力争取少数民族相关人士支持。比如，为尊重少数民族的风俗习惯，由毛泽东签发《中华苏维埃中央政府对回族人民的宣言》

明确宣告："我们根据信仰自由的原则，保护清真寺，保护阿訇，担保回民信仰的绝对自由。"[①]1936年4月底，当红二、红六军团到达藏族聚居的中甸县时，贺龙向归化寺赠锦幛一面，上书"兴盛番族"四个大字，充分显示出红军对藏胞的尊重与期望。在此基础上，武装当地少数民族群众，鼓励他们加入中国革命的洪流，在革命中实现自身解放。

1934年12月，红军经过贵州省台江县施洞口时，就集中发动群众打土豪，把没收汉族大地主的财物分配给穷苦农民。荒寨苗族贫农刘伟九一无所有，分配时不在场，红军就将衣物、银圆送到他家。在黎平，红军召开了各族人民参加公审大会，枪决了团防局军需兼城关中区区长蒋文儒，捉获土豪20多名，勒令他们交出剥削财产，分给穷人，人们无不欢欣鼓舞。1935年春，红军打开贵州大方县瓢儿井的盐仓，把食盐分给各族人民。在四川冕宁彝族地区，红军组织的抗捐军在县城没收了大土豪刘耀南、刘勃如的财产，在大桥镇没收了大地主周顺武家的财产，分配给穷人。各族人民在共同的斗争中消除了隔阂，结下了深厚友谊。

随中央红军长征的成仿吾回忆了当时帮助藏族人民建立革命政府的情景：

因为我们在藏民中的影响已经扩大，我们和藏民的关系已

① 周锡银：《红军长征时期党的民族政策》，四川民族出版社，1985，第140页。

经改善，我们就广泛地宣传，号召藏民起来反对汉官、军阀的压迫，组织藏民自己的人民革命政府。这一次宣传得到广大藏民的拥护，我们就开始召开各地藏民大会，成立藏族人民政府，在这一地区前后组织了6个乡的藏族人民政府，都是经过民主方式，选出了代表及主席。这些代表和主席当选后，都感到很荣耀，努力做好各种工作，很积极帮助红军。最后工作队召集了6个乡人民政府的代表会，成立了瓦布梁子区藏民革命政府，于是瓦布梁子到处飘扬着自由解放的鲜红旗帜。[①]

在党和红军的帮助下，少数民族地区人民纷纷建立了基层政权，比如在贵州沿河县铅厂坝建立了黔东特区革命委员会，在四川建立了冕宁县革命委员、藏民苏维埃，等等。从此，红旗在少数民族地区高高飘扬。

① 成仿吾:《在千里雪山中》，载中国工农红军长征史料丛书编审委员会编《中国工农红军长征史料丛书·回忆史料（2）》，解放军出版社，2016年，第233页。

唤醒民众的伟大远征启示我们：人民群众有着无尽的智慧和力量，只有始终相信人民，紧紧依靠人民，充分调动广大人民的积极性、主动性、创造性，才能凝聚起众志成城的磅礴伟力。在新的长征路上，全党必须牢记，为什么人、靠什么人的问题，是检验一个政党、一个政权性质的试金石。水能载舟，亦能覆舟。这个道理我们必须牢记，任何时候都不能忘却。老百姓是天，老百姓是地。忘记了人民，脱离了人民，我们就会成为无源之水、无本之木，就会一事无成。我们要团结带领全体人民，不断保障和改善民生，让改革发展成果更多更公平惠及全体人民，朝着实现全体人民共同富裕的目标稳步迈进。

第五章

KAICHUANG XINJU DE WEIDA YUANZHENG

开创新局的伟大远征

善于在危机中育新机、于变局中开新局，彰显了中国共产党的战略定力和政治智慧。红军长征就是一次开创新局的伟大远征。这次伟大远征的过程，不仅是战胜敌人、赢得胜利、实现战略目标的过程，也是联系实际、创新理论、探索革命道路的过程。长征出发前，由于党内“左”倾教条主义的错误领导，中央苏区第五次反“围剿”失败，其他苏区也接连遭受挫折，中国革命面临着方向和道路的抉择。面对乱云飞渡、惊涛骇浪，中国共产党表现出无所畏惧的伟大实践精神，表现出浴火重生的伟大创造精神，在血与火中趟出了一条走向新生、走向胜利的革命道路。红军长征的胜利，是方向和道路的胜利。从遵义会议到党的七大，中国共产党不断总结历史经验，为建立新民主主义的新中国制定了正确的理论和路线方针政策，使全党在思想上、政治上、组织上达到空前的统一和团结，成为领导全国各族人民进行伟大革命、不断开创事业新局面的核心力量。以红军长征胜利为标志，中国共产党和红军开启了中国革命的新篇章，展开了中国革命波澜壮阔的新画卷。

第一节

在挫折中勇敢抉择

一个党要立于不败之地，必须立于时代潮头，紧扣时代特点，谋划战略全局，实现既定战略目标。红军长征历时之长、规模之大、行程之远、环境之险恶、战斗之惨烈，在中国历史上是绝无仅有的，在世界战争史乃至人类文明史上也是极为罕见的。面对这种生死考验，要始终坚信革命必胜、坚持战斗，并不是一件容易的事情，中国共产党在长征中就表现出了可贵的大无畏精神。长征走的是高山峻岭，渡的是大河险滩，过的是草地荒原，但每一个行程、每一次突围、每一场战斗都是从战略全局出发，做出战略决策，既赢得了战争胜利，也赢得了战略主动。这既是一种精神，也是一种智慧。

一、两路转兵决策避强敌

长征前夕，红军总政治部提出的口号是“发扬攻击精神，突破敌人封锁线，坚决实行反攻”。红八军团政治部负责人在直属机关干部紧急会议上指出，红军长征是为了使主力转移到更有利于打击敌人的方面去，是为了机动作战，最后保卫苏区，粉碎敌人的“围剿”。红军在瑞金举行了一次军事会议，决定撤出苏区，把红军主力转移到湘鄂苏区去，同红二、红六军团会合，在那里创造新的根据地。

为了阻截红军，蒋介石设置了四道封锁线，企图围歼红军于湘西以东地区。中央红军浴血奋战，先后突破敌人的三道封锁线，进入萧水、

◆ 四渡赤水纪念馆

湘水地区。此时，“左”倾领导者却采取避战主义，“只是命令部队硬攻硬打，企图夺路突围，把希望寄托在与二、六军团会合上”，一路上失去了许多歼敌的机会。因此，中央红军虽然突破了敌人的层层封锁，却始终没有摆脱敌人的追击。

面对越来越严重的局势，毛泽东认为湘南地区党和群众基础比较好，有利于红军的机动作战，提议乘国民党各路军正在调动，国民党“追剿”军主力薛岳、周浑元两部还没有靠拢时，组织力量进行反击，伺机歼灭国民党军一部，以扭转战局，变被动为主动。红三军团军团长彭德怀也向中央建议，在灵活机动中抓住战机消灭敌军小股，迫使蒋军改变部署，阻击、牵制敌人。

博古、李德拒绝了毛泽东的建议，消极避战，丧失了一次较好的战机。随后，1934 年 11 月底至 12 月初，中央红军主力突破湘江封锁线，跳出了敌人的包围圈，使蒋介石企图消灭红军于湘江东岸的计划失败，但红军也付出了沉重的代价，由出发时的 8.6 万多人锐减至 3 万多人。

毛泽东在行军途中，和同行的王稼祥、张闻天一起分析第五次反“围剿”的军事指挥错误，认为红军已经不能按原计划和红二、红六军团会合了。1934 年 12 月 11 日，中央红军占领湖南通道县城。当时，为防止中央红军北上与红二、红六军团会合，数十万国民党军早已抢先在通道以北占领阵地。此时，博古、李德仍坚持原定计划，准备率红军继续往蒋介石布置好的包围圈里钻。

是转兵敌军军事力量较弱的贵州，还是按原定计划直奔湘西？这个危急关头，在毛泽东、王稼祥、张闻天的强烈要求下，12 月 12 日，中共中央在湖南通道召开紧急会议，博古、周恩来、张闻天、毛泽东、王稼祥和李德等人参加。会议由周恩来召集，着重讨论红军战略转移方向问题。

毛泽东首先发言，提出到贵州去。李德、博古不顾已经变化的客观情况，仍坚持去湘西同红二、红六军团会合的计划。毛泽东不同意李德的意见，又根据破译敌台的电报材料指出，国民党军队正以五六倍于红军的兵力构筑起四道防御碉堡线，张网以待，“请君入瓮”！他建议唯有立即向西，到敌人力量薄弱的贵州去开辟新的根据地。

在激烈的讨论中，王稼祥、张闻天坚决支持毛泽东的建议。在决定大政方针的“三人团”中，周恩来也明确表示采纳毛泽东的建议。李德坚决反对毛泽东提出的转兵贵州的战略方针，因自己的意见被否定而提前退出会场。博古在严重的敌情面前，也不得不承认只有先西入贵州，然后再北上，才有可能遇见较小的抵抗。会议最终部分采纳毛泽东的正确主张，决定在行军路线上进行调整，放弃经通道北上的计划，改由经贵州的黎平、锦屏北上湘西，与红二、红六军团会合，并寻机召开中共中央政治局会议。

关于通道会议的情况，伍修权后来回忆：“在这危急关头，毛泽东同志向中央政治局提出，部队应该放弃原定计划，改变战略方向，立即转向西到敌人力量薄弱的贵州去，一定不能再往北走了。”[①]毛泽东的这一主张，为红军战略转移指明了新的方向。时任红军总参谋长的刘伯承后来回忆道：“正是在这危急关头，毛主席挽救了红军……当时，如果不是毛主席坚决主张改变方针，所剩 3 万多红军的前途只有毁灭。”[②]

12 月 13 日，中央红军在通道境内分两路转兵西进：一路进入靖州县的新厂、平茶，然后分两路向贵州进军；一路进入贵州洪州，向黎平挺进，避开了敌人布下重兵的包围圈。

事实证明，通道会议，虽是一次短促的军事会议，却有不可估量的重要意义。在红军面临生死存亡的危急关头召开的紧急军事会议，虽没有完全采纳毛泽东的改变战略进军的正确主张，却促成了行军路线的调整。这个调整是在当时环境下中央红军摆脱险境的正确抉择，不仅避免了全军覆灭的危险，为党和红军开辟了一条生路，也引起了党和红军高层领导人的深入思考，更为随后一系列重要会议的召开尤其是遵义会议在事实上确立了毛泽东在党中央和红军的领导地位开辟了道路。

---

① 伍修权：《生死攸关的历史转折点——回忆遵义会议的前前后后》，载中国工农红军长征史资料丛书编审委员编《中国工农红军长征史料丛书·回忆史料（2）》，解放军出版社，2016，第 3 页。

② 刘伯承：《回顾长征》，载中国工农红军长征史料丛书编审委员会编《中国工农红军长征史料丛书·回忆史料（1）》，解放军出版社，2016，第 8 页。

二、“向黔西北进军”战略决策赢得主动

1934 年 12 月 13 日，中央红军从通道出发，兵分两路向黎平进军，在突破国民党黔军防线后，于 15 日攻占贵州黎平县城。黎平是连通湘黔桂三地的交通要冲。此时的中央红军，虽然对进军路线做了调整，暂时摆脱了国民党追兵，解了燃眉之急，但没有从根本上统一思想认识。自渡过湘江后，关于红军前进方向的争论，并没有结论。一些人仍然坚持“北上，到湘西去”的错误观点。

这期间，敌情发生了重大变化。红军继续西进，破关入黔，使得国民党军在湘西南城一线张开的口袋阵瞬间失去了作用。蒋介石急忙调整

◆ 黎平会议纪念馆

部署，以黔军退守黔东的施秉、台拱一线；以“追剿”军两个兵团迅速向铜仁、玉屏、天柱一线开进，企图构成新的防线，配合黔军，拦截中央红军北上。国民党桂军也趁火打劫，用一个师的兵力向榕江推进，企图对红军进行侧击，并趁势入黔。国民党军正在黔东北、湘西北地区形成新的口袋阵。红军如继续北上，坚持与红二、红六军团会合计划不变，不仅将困难重重，而且是自投罗网，前景凶险莫测。

在这样的形势下，12 月 18 日，中共中央政治局在黎平县城二郎坡胡荣顺店铺内召开会议。博古、周恩来、张闻天、王稼祥、毛泽东、朱德等出席会议。会议由周恩来主持，继续讨论红军战略行动方向问题。这是继通道会议之后，红军长征途中召开的一次更为重要的会议。

毛泽东根据当时敌人已在湘西布重兵，并正向黔东北集结的严重情况，进一步阐述了他在通道会议上的意见，正式建议中央放弃北上与红二、红六军团会合的计划，继续西进，进入敌人力量空虚的黔西北地区，在那里建立新的根据地。王稼祥、张闻天、朱德等先后在会上发言，对第五次反“围剿”以来的军事路线错误进行了尖锐批评，一致赞成毛泽东的正确主张，坚决主张放弃同红二、红六军团会合的原定计划，改向黔北进军。

会议从白天开到深夜，争论十分激烈。最终，与会多数同志接受了毛泽东“向黔西北进军”的正确主张。会议通过了根据毛泽东的发言写成的《中共中央政治局关于战略方针之决定》。决定明确指出：“政治局认为新的根据地区应该是川黔边区地区，在最初应以遵义为中心之地区，在不利的条件下应该转移至遵义西北地区。”[①] 同时决定在适当时机召开会议，决定审查以黔北为中心建立新苏区的决议，总结第五次反“围剿”和长征中军事指挥上的经验教训。北上还是西进的争论，终于有了一个明确的结论。这次会议在关键时刻起到了统一思想、凝聚军心、团结队伍的重要作用。

黎平会议的决定有着重大的战略意义，使红军避免陷入绝境，并开始从长征出发时的被动局面中摆脱出来，赢得了主动。中央红军挥戈西指，不仅完全打乱了国民党军原有部署，而且连战连捷，部队面貌为之一新。对此，聂荣臻回忆说：“这是一个十分重要的决议，是我们战略转变的开始。其中最主要的是指出，去湘西已不可能也不适宜，决定向遵义进发。这样一下子就把十几万敌军甩在了湘西，我们争取了主动。”[②]

黎平会议除讨论战略方针外，还讨论了红军第五次反“围剿”战争以来的失败问题，对中央的错误军事路线进行了初步的批评，这也为遵义会议的召开作了直接准备。

黎平会议后，中央政治局、中革军委、红军总政治部迅速传达并贯

① 中央档案馆编《中共中央文件选集》第10册，中共中央党校出版社，1991，第442页。

② 聂荣臻：《聂荣臻元帅回忆录》，解放军出版社，2005，第188页。

彻会议精神。中央书记处逐级向下传达会议精神，中革军委为执行黎平会议决议及时作出行动部署。总政治部发出关于执行政治局决议的训令，要求各级政工人员做大量的解释工作，并说明政治局决议的重要性。在黎平休整期间，红军还进行了长征以来的第一次大规模整编。这一系列政治上、军事上、组织上的举措，振奋了全体将士的精神，鼓舞了他们的斗志，增强了全党、全军的团结，这对从转移以来屡遭挫折的中央红军至关重要。

黎平会议刚刚结束，红军总政治部下达了《关于我军沿途注意与苗民关系加强纪律检查的指示》。红军所到之处，还张贴和散发了许多标语，宣传民族平等、民族团结和民族解放。黎平群众积极为红军筹粮、架桥、带路、提供食物，使红军顺利通过了这些地区。受红军行动和宣传等的影响，当地不少青年还主动参加了红军。

关于黎平会议后中央红军的状况，军委纵队政治委员陈云后来以廉臣的笔名在发表的《随军西行见闻录》中这样写道：

> 赤军由湖南转入贵州，此时确缴获不少。侯之担部至少一师人被缴械，并连失黎平、黄平、镇远三府城，尤其镇远为通湘西之商业重镇，赤军将各城市所存布匹购买一空。连战连进，此时赤军士气极旺，服装整洁。部队中都穿上了新军装。在湘南之疲劳状态，已一扫而空矣。

……当我等行经剑河县附近之某村落时，见路边有一老妇与一童子，身穿单衣，倒于路边，气息尚存。……正询问间，赤军领袖毛泽东至，告以老妇所言。当时毛即时从身上脱下毛线衣一件及行李中取出布被单一条，授于老妇，并命人给以白米一斗。老妇则连连道谢含笑而去。①

三、“抢渡乌江占领遵义”决策迎来伟大转折

黎平会议确定了中央红军向黔北进军的战略方针。中央红军挥戈西进，连克数城，直抵乌江南岸。1934年12月31日，中央军委纵队到达猴场，准备抢渡乌江，实现挺进黔北的战略方针。然而，此时的“左”倾领导人依然固执己见，对黎平会议正式确定的这一战略方针持不同意见，坚持回兵东进与红二、红六军团在湘西会合，并散布“到了乌江南岸，红军就该拐弯了”之类的错误言论。

在军情紧急的情势下，为进一步消除分歧、统一思想，明确红军的战略方向和行动方针，在中央政治局多数同志要求下，12月31日当天下午，中共中央在猴场召开了政治局会议（亦称“猴场会议”）。

这次会议从当天下午一直开到次日凌晨，成为中共历史上唯一一次“跨年”的中央政治局会议。参加会议的政治局委员有博古、周恩来、毛

① 陈云:《随军西行见闻录》，载刘统整理《亲历长征——来自红军长征者的原始记录》，中央文献出版社，2006，第27—28页。

◆ 猴场会议会址

泽东、朱德、张闻天、陈云，候补委员有刘少奇、王稼祥、邓发，李德等列席了会议。

经过激烈争论，会议通过了《中共中央政治局关于渡江后新的行动方针的决定》，重申黎平会议决议，再次肯定毛泽东同志渡江北上的正确主张，否定了“在乌江南岸建立一个临时根据地，再徐图进军湘西，与红二、六军团会合”的错误言论，决定立刻抢渡乌江，占领遵义。

决定指出，主力红军渡过乌江后，“主要的是和蒋介石主力部队（如薛岳的第二兵团或其他部队）作战，首先消灭他的一部，来澈（彻）底粉碎五次‘围剿’，建立川黔边新苏区根据地。首先以遵义为中心的黔北地区，然后向川南发展，是目前最中心的任务”。会议计划的新根据地，遵义始终是中心，而不是“最初”。可见，占领遵义对于建立新根据地有着重要的作用。根据这个计划，中央红军突破乌江，占领遵义，打乱了敌人的部署，并把敌“追剿”部队甩在乌江以东、以南地区，使部队得到了十多天的休整时间，从而为召开遵义会议赢得了时间和空间。

决定提出：“军委必须特别注意敌情的分析研究，道路敌情的侦察，抓住反攻的有利时机，并不失时机的求得在运动战中各个击破敌人，来有把握的取得胜利。”这就重新确立了红军正确的作战方针，实际上批评了自第五次反“围剿”以来李德、博古的军事指挥错误。决定规定：“关于作战方针，以及作战时间与地点的选择，军委必须在政治局会议上做报告。”[①] 这就把红军军事指挥权置于中央政治局的领导之下，实际上取消了李德独断专行的军事指挥权，从而让毛泽东在遵义会议重新回到红军的指挥岗位创造了条件。

决定还指出要“特别加强在连队中的政治工作”，要求在全体红色指战员中间进行广大的深入的宣传鼓动，最大限度地提高他们的战斗情绪，反对一切逃跑的倾向与偷安休息的情绪；同时强调要“有计划的与有步骤的来开始我们的赤化工作”，争取广大群众到苏维埃的旗帜之下。根据这一精神，总政治部于1935年1月1日当天就起草并发出《关于瓦解贵州白军的指示》。从此，红军对贵州白军开始进行有目的、有计划的政治攻势。

关于猴场会议，美国作家哈里森·索尔兹伯里在他的《长征——前所未闻的故事》一书中说：“政治局会议终于结束了。外面阴沉的天空，纷纷扬扬地落下了雪花。警卫员们在送毛回住处的一路上，兴致勃勃地对他讲着他们怎样准备吃年饭的打算。听着听着，毛提高嗓门对他们说，今晚不能大吃大喝了，必须抢在敌人三个师之前赶到乌江。”[②]

从1935年1月1日至6日，中央红军全部渡过乌江。可以说，从通

① 《中共中央政治局关于渡江后新的行动方针的决定》（猴场会议）（1935年1月1日），载中国工农红军长征史料丛书编审委员会编《中国工农红军长征史料丛书·文献（1）》，解放军出版社，2016，第210页。

② 哈里森·索尔兹伯里：《长征——前所未闻的故事》，过家鼎、程镇球、张援远译，解放军出版社，2005，第122页。

道转兵，到黎平会议，再到“跨年”的猴场会议，毛泽东同志的正确意见日益得到中央大部分领导人的支持。这一系列会议，为遵义会议实现伟大转折，奠定了坚实的政治、思想、组织基础。其中，猴场会议被周恩来称为“伟大转折的前夜”。

1月7日，中央红军占领黔北重镇遵义城，党和红军即将在这里迎来伟大的历史转折，中国革命的新篇章由此开启。

第二节

在实践中浴火重生

中国共产党敢于坚持真理、修正错误，在一次次挫折中不断浴火重生，创造了气吞山河的人间奇迹。长征途中，红军将士同敌人进行了600余次战斗，跨越近百条江河，攀越40余座高山险峰，其中海拔4000米以上的雪山就有20余座，穿越了被称为“死亡陷阱”的茫茫草地，用顽强意志征服了人类生存极限。红军长征，不仅保存了革命力量，而且使中国共产党找到了中国革命力量生存发展新的落脚点，找到了中国革命事业胜利前进新的出发点。红军长征的胜利充分证明，只有立足实际、独立自主开辟前进道路，才能不断走向胜利。

一、打开北上通道令敌人阴谋彻底破产

包座位于四川省松潘县以北，山高坡陡林密，地势险要，易守难攻，是红军出川入陕的唯一通道。会师后的红一、红四方面军混编成左、右两路军。经过七天六夜的艰苦跋涉，右路军于1935年8月底到达距包座100多公里的巴西、班佑地区，准备经包座进入甘南北上抗日。国民党军利用山险路隘，修筑碉堡，妄图将红军逼回有“死亡陷阱”之称的草地。

8月27日，右路军总指挥徐向前接到中央军委攻打包座的命令后，立即组织召开师以上干部作战会议，传达中央军委指示，对敌我双方兵力、兵器及作战能力进行了剖析。徐向前不顾连日过草地的疲惫和抵近敌前沿的危险，带领红三十军军长程世才、政治委员李先念、参谋长彭绍辉等人，深入到距大戒寺、求吉寺几百米的原始森林和敌援兵必经之路，缜密侦察敌情，现场勘察地形；冒险引诱敌人暴露火力，获得了第一手敌军布防和火力配置情况，绘制了详细的作战地形图，标明了敌援兵行进路线，定下了前方指挥所位置，确定采用围点打援战法，歼灭包座和来援之敌。

8月29日，红军各部队到达指定位置后，红八十九师第二六四团于黄昏时，向驻守大戒寺的守敌发起进攻。大戒寺背靠大山，前面有银戈河，东边是包座河，当时正值雨季，大雨瓢泼，河深水急。第二六四团几次进攻未果，遂及时改变战法，集中兵力攻击敌防守相对较弱的大戒

寺靠西的几个外围碉堡。经过6个多小时激战，消灭敌两个连守敌，扫清大戒寺外围障碍。

8月30日夜，为诱敌深入，第二六四团向大戒寺东北后撤。8月31日，国民党军第四十九师主力进抵包座地区，以两个团沿包座河西岸背水为阵，另一个团驻守包座河东岸，师部进到大戒寺以南。此时，红三十军主力隐蔽集结于包座西北山区等待。当日15时，红军发起攻击。

红八十八师第二六八团由包座河西楔入敌3个团之间，将其分割为3块。接着，红八十八师第二六三团在第二六八团的协助下，猛攻位于包座河西北侧之国民党军，经一小时激战，将其歼灭，随后攻击位于南面之敌第三八九团。同时，红九十师第二六七团向敌左翼迂回，断其退路。第二六四团由正面进攻沿包座河东岸北犯之敌第二九四团。激战到晚上，红军将国民党军第四十九师大部歼灭。固守在大戒寺后山高地的200余敌军，见大势已去，在红军政治攻势下全部缴械投降。

求吉寺守敌凭借有利地形和明堡暗堡，设置了密集火力网，红军每前进一步都付出巨大代价。部队攻击受阻，红十师师长王友钧挺身而出，端起机枪对着敌阵一阵猛扫，端掉了敌人火力点，但不幸中弹牺牲，年仅24岁。国民党军第四十九师是胡宗南主力，有1.2万人，且武器精良，训练有素。进入红军伏击圈后，仍依托灌木丛和小山包拼死抵抗。红军由于减员严重，师团所有预备队、通信连、警卫连和军部的机关干部、宣传队员等都拿起武器投入战斗。他们用刺刀、手榴弹和大刀片，在密林中，在包座河畔，同敌短兵相接，白刃相见，展开肉搏战。求吉寺之敌被全歼，敌第四十九师师长被俘。

红军占领了上、下包座，取得了包座战斗的胜利。包座战斗是红一、红四方面军会师后取得的第一个大胜仗，歼灭包座地区守敌及援敌大部，共毙伤俘敌5000余人，缴获轻重机枪50余挺、长短枪1500多支，还缴获了红军急需的牦牛、骡马、粮食、弹药等物资，使北上红军得到了基本补充。

包座战斗的胜利，打击了国民党军的嚣张气焰，扫清了红军北上的障碍，打开了向甘南进军的通道，使敌人企图把红军困在草地的阴谋彻底破产。

二、找到最终落脚点开创新局面

毛泽东、周恩来、彭德怀等率领主力红军翻越岷山，于1935年9月20日进入甘肃南部宕昌县的小镇哈达铺。这就是毛泽东诗中写的：“更喜岷山千里雪，三军过后尽开颜。”

陕甘支队进驻哈达铺后，震惊了蒋介石，他害怕红军东进天水，威胁西安，遂将主力向天水集结，并以一部分兵力占领渭河附近的武山、漳县两城，防红军东进。

这时，中共中央搜集到《大公报》等报纸，得知陕甘苏区正处在蓬勃发展之势。根据这些报纸，张闻天做了读报笔记，其中写道："不论敌人怎样拼命，然而他们无法消灭，甚至防止苏维埃革命运动的发展。西北各省的苏维埃革命运动更是在大踏步的前进中。""让那些没有气节的机会主义者去悲叹中国苏维埃革命运动的低落，去歌颂反动统治的日益巩固吧，能够解决产生中国革命基本矛盾的力量，只有中国共产党与他所领导的苏维埃政权。我们将踢掉这些障碍物，肃清自己前进的道路，为创造川陕甘新苏区而斗争！"①

9 月 23 日，陕甘支队遵照中共中央的指示，以一部兵力东进闾井镇，佯攻天水，以调动敌人向该地集中，主力乘机以急行军突然折向西北；摆脱重兵阻击，通过了敌人在武山、漳县间设置的封锁线，并在鸳鸯镇和山丹镇之间渡过渭河，于 9 月 27 日到达通渭县的榜罗镇。

当天傍晚，中共中央政治局在榜罗镇召开常委会，史称"榜罗镇会议"。参加会议的有张闻天、毛泽东、周恩来、博古等政治局常委，王稼祥、刘少奇等部分政治局委员以及彭德怀、林彪等红军将领列席会议。

会议根据国内外形势的发展变化，正式作出了将中国革命大本营和红军长征落脚点放置到陕甘苏区的重大决策，不仅从根本上解决了长征以来始终困扰党和红军的战略目的的问题，而且在政治上彻底肃清了

① 洛甫：《发展着的陕甘苏维埃革命运动》（1935 年 9 月 22 日），载中国工农红军长征史料丛书编审委员会编《中国工农红军长征史料丛书 · 文献（4）》，解放军出版社，2016，第 17—18 页。

◆ 榜罗镇会议纪念馆

“左”倾冒险主义错误对党和红军的消极影响，事实上确立了推动中国革命实现伟大转折的政治路线和行动纲领。

9 月 28 日清晨，灰蒙蒙的天空飘着零星小雨。这一天，陕甘支队在榜罗镇小学门前的打麦场上，召开全军连以上军政干部大会，传达榜罗镇会议精神，部署与陕甘苏区红军会合。毛泽东、彭德怀、张闻天、林彪分别讲话。

毛泽东在会上传达了中央政治局常委会议的新决策，进行了政治动员，并作当前形势和任务的报告，讲了 5 个方面的问题：“（一）日本侵略北方的严重性；（二）陕北根据地和红军状况；（三）北方可成为抗日新阵地的经济、政治条件；（四）避免同国民党军作战，迅速到陕北集中；

（五）严格整顿纪律，充分注意群众工作，宣传我军北上抗日的意义，注意扩充新战士。”①

榜罗镇会议是一次彪炳史册的会议，是一次号召力极强的动员会。它彻底结束了红军长征长期没有落脚点而四处转战的局面，为红军长征胜利完成和开展抗日救亡运动找到了理想的落脚点，开创了中国革命的新局面。

三、不利形势下的“破局之战”

1936 年 10 月，红一、红二、红四方面军在甘肃省会宁和静宁以北的将台堡会师后，北移至海原、靖远打拉池地区。这时，蒋介石不顾中国共产党一再提出的“停止内战，一致抗日”的主张，继续坚持反共的内战政策，并坐镇西安，调集国民党军 5 个军，于下旬从会宁至隆德一线由南向北，分 4 路向红军进攻。

为粉碎敌人的进攻，争取抗日民族统一战线的形成，红军前敌总指挥部根据中共中央和中革军委的指示，决定集中主要兵力给国民党军第一军以歼灭性打击；以一部兵力牵制第三、第三十七军，并相机予以打击；对东北军第六十七军和骑兵军积极进行统一战线工作，以迟滞其前进。

① 中共中央文献研究室编《毛泽东年谱（1893—1949）》（修订本）上卷，中央文献出版社，2013，第 476 页。

10 月底，红一方面军第一、第十五军团和第八十一师，红二方面军第二、第六军团及红四方面军第四、第三十一军，开始由打拉池、海原地区逐次向东转移，寻机歼敌。至 11 月 15 日，各部分别移至豫旺堡、毛居井以东和环县以西以及萌城、甜水堡地区。此时，国民党军第三十七军正准备西渡黄河，“追剿”红军河西部队（西路军）；东北军第六十七军、骑兵军经红军劝阻，前进缓慢；第三军进占同心城后，也停止前进；唯独第一军紧紧尾追红军，进至豫旺地区。中革军委命令红军主力，向山城堡迅速靠近，打击国民党军进攻。11 月 16 日，红军各部向山城堡南北地区集结。

山城堡位于环县以北洪德和甜水堡中间地带，川塬交互，沟壑纵横，地形复杂，利于大部队设伏。11 月 17 日，国民党军胡宗南部第一军分左中右三路向盐池、甜水堡、山城堡方向前进：左路第一师第一旅由惠安堡东进；中路第一师第二旅向萌城、甜水堡推进；右路第七十八师由田家原向山城堡前进；第四十三、第九十七师为第二梯队进至豫旺县城及附近地区。当日，红军第四、第三十一军击溃中路第一师第二旅，歼敌 600 余人。

11 月 18 日，毛泽东、张国焘、彭德怀、任弼时、朱德、周恩来、贺龙等联合签发《关于粉碎蒋介石进攻的决战动员令》，指出：“当前的这一个战争，关系于苏维埃、关系于中国，都是非常之大的。”当晚，周恩来从陕北赶到环县河连湾前敌总指挥部与朱德、彭德怀、任弼时、刘伯承、萧劲光、赖传珠、陈赓等领导研究部署山城堡战役的作战计划。

11 月 19 日，红军前敌总指挥彭德怀作出集中优势兵力求歼孤立深入之右路军第七十八师的部署：红一方面军第一军团在山城堡以南待机；第十五军团一部诱其东进，主力隐蔽于山城堡以东及东北山地；红四方面军第四军主力于山城堡东南地区，第三十一军于山城堡以北地区隐蔽待机；红二十八军在红井子一带牵制国民党军左路第一师第一旅；红二方面军第六军团和红一方面军第八十一师等部在洪德城、环县以西地区，迟滞第六十七军和骑兵军；以红二方面军主力集结于洪德城以北之水头堡地区策应各部作战。

◆ 山城堡战役纪念碑

11 月 20 日，国民党军右路第七十八师进占小台子、风台堡，其第二三二旅及另 1 个团进至山城堡地区，并派出两个连沿山城堡至洪德城大道向南侦察，在八里铺以南遭红一军团一部突然攻击，大部被歼。红军前敌总指挥部当即决定对山城堡之敌发起攻击。11 月 21 日下午，红十五军团一部和红一军团第二师向山城堡西北之哨马营攻击，断其退路。红一军团主力由南向北，第三十一军由北向南，第四军由东南而西北向山城堡进逼。当日黄昏，红一军团第一、第四师和红三十一军一部，乘敌向山城堡以北山地撤退之机，从南、东、北三面攻入山城堡，并乘胜追击。此时，红二师红十军团一部已经绕至敌后，截断退路。敌军顿时溃散，一部突围，大部被红军包围压缩于山城堡西北山谷中。至 11 月 22 日 9 时，将敌第二三二旅又 1 个团基本歼灭。同时，红二十八军在红井子附近击溃左路军第一师第一旅。敌第一军其他各部仓皇西撤。

这次战斗，共歼灭敌第七十八师丁德隆部一个多旅。第七十八师在战报中说：此战“损失极重，混乱不堪”，“以现计约损失三分之二以上”。

11 月 23 日，红军前敌总指挥部在山城堡召开了团以上干部祝捷大会，朱德、彭德怀、贺龙等讲了话。

山城堡战役，是中国工农红军三大主力会师后，相互配合密切协作取得的第一次重大的军事胜利，也是红军“长征最后一战”，给蒋介石嫡系胡宗南部以沉重打击，迫使国民党军停止了对陕甘苏区的进攻，对巩固陕甘苏区，贯彻“逼蒋抗日”的方针、促进国内和平的实现，都起了重要作用，在中国革命史上留下了光辉的一页。

第三节

在救亡中开拓新局

开拓创新，是中国共产党具有的历史担当。红军长征途中，中国共产党通过艰苦卓绝的实践探索，成功地把解决生存危机同拯救民族危亡联系在一起，把长征的大方向同建立抗日前进阵地联系在一起，实现了国内革命战争向抗日民族解放战争的转变。红军长征的胜利，使中国共产党以陕甘宁根据地为中心，推动一大批根据地如雨后春笋般建立和发展起来，革命的火种在神州大地渐成燎原之势，有力推动了新的革命高潮的到来。从长征的终点出发，中国共产党领导中国人民展开了中国革命波澜壮阔的新画卷，为夺取中国人民抗日战争胜利，进而夺取新民主主义革命胜利打下了坚实基础。

一、纠正错误促团结

中央红军到达陕甘苏区前，“左”倾错误就在陕甘苏区出现。1935年9月下旬，新成立的陕甘晋省委开始了错误的肃反，原陕甘苏区的不少军政干部被捕被杀，甚至连刘志丹也被关了起来。很多干部、群众非常不满，使苏区陷入严重的危机中。

这个问题如果不能得到恰当的解决，中共中央和中央红军在陕甘苏区是无法站住脚跟的，把革命大本营放在西北的任务也是不可能完成的。

11月3日，中共中央政治局常委会议在甘泉县下寺湾召开，听取陕甘晋省委副书记郭洪涛和西北军委主席聂洪钧的汇报。毛泽东在这以前已经听到当地的干部和群众说：陕北的肃反有问题。他就提出“刀下留人，停止捕人”，并且说：“我相信创造这块根据地的同志们是党的好干部。”①

当省委汇报到肃反问题，毛泽东立刻要求：停止逮捕、停止审查、停止杀人，一切听候中央解决。那时，中共中央正忙于战役准备，先派刚担任国家保卫局长的王首道等组成工作组，前往陕甘晋省委驻地瓦窑堡调查并纠正肃反中的错误。毛泽东还叮嘱王首道等说：“杀头不能象割韭菜那样，韭菜割了还可以长起来，人头落地就长不拢了。如果我们杀错了人，杀了革命的同志，那就是犯罪的行为。大家要切记这一点，要

① 王首道:《王首道回忆录》，解放军出版社，1988，第166页。

◆ 直罗镇战役烈士纪念碑

慎重处理。”[①]

毛泽东特别关注陕北肃反扩大化的问题。他和周恩来、彭德怀从前线致电张闻天、博古，请他们详细考察这方面的实际情况，要纠正错误，但处理要慎重，要有利于领导层的团结。中共中央决定，由董必武、李维汉、王首道、张云逸、郭洪涛负责审查这个“案件”。

直罗镇战役结束后，毛泽东等从前线回到后方瓦窑堡。他和中共中央其他负责人一起，听取五人小组关于审查刘志丹等“案件”情况的汇报，指出：“逮捕刘志丹等同志是完全错误的，是莫须有的诬陷，是机会主义，‘疯狂病’，应予立即释放。”[②]王首道对此回忆道：“毛主席还号召全体干部军民进一步加强团结，一致对敌。毛主席的指示和刘志丹等同志释放的消息传出以后，广大军民奔走相告，欢欣鼓舞，热烈欢呼：‘刘志丹同志得救了！’、‘陕北得救了！’”[③]

① 王首道：《王首道回忆录》，解放军出版社，1988，第167页。
② 同上书，第170页。
③ 同上书，第170—171页。

直罗镇战役的胜利和陕北肃反扩大化问题的纠正，使陕北苏区原来面临的最紧迫问题得到了解决，从而使陕甘苏区转危为安，使中共中央在这里站稳了脚跟，能够获得一个相对安定的环境来考虑和处理许多带全局性的问题。

在与张国焘分裂主义的斗争中，党中央和毛泽东等表现出高度的原则性和灵活性，采取了正确的态度和方针。1937 年 3 月，中央政治局在延安召开扩大会议。会议除讨论政治形势外，还深入揭发和批判张国焘分裂党和红军的严重错误。毛泽东在发言中指出："张国焘路线毫无疑义是全部错误的。……张国焘的哲学，一言以蔽之是混乱，其中主要的东西是机械论和经验论。他只承认看得到的东西，因此他的思想是反理论反原则的。……他只看到局部而看不到全体，只知有今天而不知有明天。由于进行科学的分析，所以我们能预见运动的法则。在军事上即是有战略的头脑，这正是张国焘所缺乏的。……会合后中央要迅速北上，他按兵不动，……要用枪杆子审查中央的路线，干涉中央的成分和路线，这是完全不对的，根本失去了组织原则。……张国焘在分裂红军问题上做出了最大的污点和罪恶。……张国焘入党以来，还曾有若干阶段是在党的路线下工作的，但他的机会主义史问题是必须要指出来的。我们应该用诚恳的态度要求张国焘转变，抛弃他的错误，今后应从头干起。"①

① 中共中央文献研究室编《毛泽东年谱（1893—1949）》（修订本）上卷，中央文献出版社，2013，第 667—668 页。

会议通过了《中央政治局关于张国焘同志错误的决议》，指出张国焘的错误是战争中的右倾机会主义，其内容是退却路线、军阀主义和反党行为的综合，其根源是中国封建军阀的意识在党内的反映；张国焘的错误已给党和红军造成严重的危害。

中央政治局扩大会议坚持党内斗争的正确方针，把红四方面军广大干部、战士为革命英勇奋战的献身精神，同张国焘的反党错误严格区分开来。会议号召全体红军在开展反对张国焘错误的斗争中，紧密地团结在中共中央周围，以完成伟大的革命任务。

对于张国焘本人，中共中央也尽力予以团结和争取。鉴于张国焘在 4 月 6 日写的《我的错误》的声明书中，表示以后绝对忠实于中央的路线，中央决定再一次给他认识错误和改正错误的机会，对他的问题在组织上没有作结论，并建议由他担任陕甘宁边区政府副主席。但张国焘阳奉阴违，表面上承认错误，实际上拒绝党对他的教育和挽救，终于在 1938 年 4 月逃出陕甘宁边区，当了国民党的特务。

4 月 18 日，中共中央宣布开除张国焘的党籍。这一决定得到全党的一致拥护。反对张国焘分裂主义的斗争，巩固了党和红军的团结，为争取实现党在新的历史时期的任务，创造了一个有利的条件。

二、开启西北苏区新时期

根据榜罗镇会议作出的保卫与扩大陕北苏区的新的战略决策，党中央率陕甘支队分左中右三路纵队北上，通过通渭地区，翻越六盘山，又经过1000多里的艰苦行军和英勇作战，从甘肃进入陕北，于1935年10月18日抵达铁边城。党中央在这里召开了第一次政治局常委会议。参加会议的有：张闻天、毛泽东、王稼祥、博古、林彪、聂荣臻、杨尚昆等。会议由张闻天主持，议题主要是讨论陕甘支队入陕作战方针和进入吴起镇与红二十五军、陕北红军会合等问题。会上，张闻天指出，关于在陕北建立苏区问题，政治局同志无一异议；毛泽东在上次榜罗镇召集的会议上作出决定，大家是同意的，应批准；至于中央整个政治决议，应在与红二十五、红二十六军同志商量后再发。

在这次会议上，根据当前形势和部队实际情况，提出了许多议案，如红军入陕后的作战方针主要是在西边打蒋介石的嫡系部队，还是在南边打东北军，或是向北打的问题；同西北红军会合的方向和解决战略方针的问题；整顿部队，提高战斗力，做好群众工作、解决冬衣物资等问题。上述这些问题迫切需要中央迅速作出决定。毛泽东在会上还指出，我们要把保安变为苏区，过去敌人对我们是追击，现在改为“围剿”，我们要打破这“围剿”，我们须在敌人“围剿”前做很多工作。这次会议实际上是吴起镇会议的预备会议。

10月19日，党中央和中央红军进驻陕甘苏区吴起镇。随后又同十五军团胜利会师。至此，中央红军胜利地完成了历时一年，纵横11个省，行程2.5万里的长征。党中央和中央红军主力终于找到了长征立足点，抵达最后目的地，实现了历史性的战略转移。

10月22日，中央政治局在吴起镇召开扩大会议。参加会议的有：张闻天、博古、毛泽东、周恩来、王稼祥、邓发、李富春、聂荣臻、刘少奇、叶剑英、凯丰、贾拓夫、彭德怀等，张闻天主持会议，会议的中心议题是，总结俄界会议后红军的行动，讨论目前的形势和任务，确定新形势下陕甘支队的行动方针。

毛泽东首先报告了俄界会议以来的形势与陕甘支队的任务。主要内容：1.宣布中央红军已完结一年长途行军，提出党的新任务是保卫与扩大陕北苏区，以领导全国革命。2.确定了红军当前作战方针。毛泽东根据陕北的环境和形势，阐明了红军的作战方针。3.规定了红军当前中心工作。报告指出：在部队方面应提高战斗力，扩大红军，解决物质问题。这三件事是目前部队中心工作。4.决定继续加强与国际联系。5.重视同西北同志的团结。

在讨论中，邓发、李富春、聂荣臻、刘少奇、叶剑英、凯丰、博古、贾拓夫、张闻天、彭德怀先后发言。他们着重阐述了下列主要问题：1.粉碎敌人“围剿”，保卫与扩大陕北苏区。2.拥护榜罗镇会议决定，使陕北成为领导全国革命的中心。3.打通国际路线，取得苏联援助。4.加强与西北红军联系。

毛泽东作会议总结发言时指出，党中央和中央红军已经完结一年长途行军，开始新的有后方的运动战。他还强调，正确的方针，需要我们一致的努力，首先是统一领导问题，应由政治局委托常委去解决。

10 月 27 日，中央政治局常委在吴起镇再次召开会议，参加会议的有张闻天、毛泽东、周恩来、博古、王稼祥等，会议由张闻天主持，主要议题是研究部队工作。会议赞同毛泽东的意见，即目前我们队伍虽小，但它是将来发展的基础，现在环境变了，二万多里走完了，将来再不会走了，应向干部解释。会议决定，陕甘支队南下，同红十五军团会师，隆冬之前打破国民党军的“围剿”，扩大苏区。

吴起镇会议批准了榜罗镇会议把红军长征落脚点放在陕北的战略决策，决定党和红军今后的战略任务是建立西北苏区，以领导全国革命，从而宣告了中央红军长征的完结，开创了党中央全国革命大本营放在陕北的新的历史时期。

三、力量联合迎接抗战新高潮

瓦窑堡会议后，中共中央进一步加强对统一战线工作的领导，一方面积极地促进一二·九运动后全国人民抗日救亡运动的发展；另一方面尽可能地向国民党上层人士和军队将领宣传党的抗日主张，开展争取同盟者的工作。

中共中央着重对在西北“剿共”前线的国民党各地方实力派的处境和现状进行分析，认为张学良、杨虎城及其所部是首先能够争取的对象。联合他们，不仅能改变红军的被动态势，而且能影响其他实力派，扩大统一战线，造成西北的新局面。因此，中共中央决定大力开展对东北军和第十七路军的工作，以期首先实现西北地区抗日力量的联合。

在瓦窑堡会议前后，毛泽东、周恩来等以信件等方式，已同张学良建立了联系。为方便对接工作，中共中央成立了以周恩来为书记的东北军工作委员会，开展对东北军的工作。此外，红军将大批在作战中俘虏的东北军官兵释放回去，这也加深了东北军对共产党联合抗日诚意的认识。为进一步加强同东北军的联系，1936 年 1 月 19 日，中共中央派联络局局长李克农赴洛川，先后同东北军第六十七军军长王以哲和张学良会谈。在此基础上，1 月 25 日，中国共产党和红军领导人发表《红军为愿意同东北军联合抗日致东北军全体将士书》，明确表示：苏维埃政府与红军是“愿意与任何抗日的武装队伍联合起来，组织国防政府与抗日联军，去同日本帝国主义直接作战的。我们愿意首先同东北军来共同实现这一主张，为全中国人民抗日的先锋”。2 月下旬，李克农再次到洛川与王以哲进行商谈，达成红军与第六十七军互不侵犯的口头协定。

3 月初，张学良飞抵洛川，与李克农就双方联合抗日问题交换意见。根据张学良的要求，4 月 9 日，周恩来代表中共中央到东北军驻地肤施（即延安），同张学良举行秘密会谈。张学良接受中国共产党关于停止内战、共同抗日的政治主张，并提出争取蒋介石抗日的意见。双方还商定了红军与东北军互不侵犯、互派代表等事项。

根据周恩来同张学良会谈的结果，中共中央决定派刘鼎作为中共驻东北军代表，在西安进行工作。6 月 20 日，中共中央制定《关于东北军工作的指导原则》的党内文件，指出：东北军有极大可能转变为抗日的革命的军队，“争取东北军走向抗日是我们的基本方针”；党在东北军中的工作目标，不是瓦解东北军、分裂东北军，也不是把东北军变成红军，而是要使东北军变为红军的友军，使东北军实行彻底抗日的纲领。争取的办法，主要靠耐心说服与解释工作。文件指出，在东北军内的统战工作，应是“上层统一战线与下层统一战线同时并进与互相配合”，上层统一战线尤其具有重要意义。这些方针和以前“左”倾错误的方针明显不同，实际上不只是适用于争取东北军。

◆ 延安宝塔

中国共产党在争取张学良抗日的同时，进一步加强了对杨虎城的说服工作。杨虎城及其率领的第十七路军，早在大革命时期就同共产党有过联系。蒋介石发动四一二反革命政变后，杨虎城仍和南汉宸等一些共产党员保持着联系。为了争取既有抗日热情，又有联合之可能的杨虎城共同抗日，1935 年秋以后，中共中央通过各种形式同他联络。11 月，杨虎城表示赞成共产党的联合抗日的主张。为了尽快争取杨虎城合作抗日，从 1935 年 12 月到 1936 年夏，中共中央先后派汪锋、张文彬，中共中央北方局派王世英，中共驻共产国际代表团派王炳南等人到杨虎城处商谈联合抗日问题。经过多次谈判，杨虎城表示赞成互不侵犯、取消经济封锁、建立军事联络、联合抗日等主张，并同意张文彬作为红军代表驻西安。此后，中国共产党与第十七路军建立了比较牢固的关系。

在这期间，中共中央还在张学良、杨虎城之间进行工作，促进他们的团结合作。中共中央指示驻西安的地下党员，努力做好联合张、杨内部的工作。经过努力，张学良和杨虎城开始了日趋密切的合作。从 1936 年上半年开始，红军同东北军、第十七路军之间，实际上停止了敌对状态。这是党的抗日民族统一战线策略在西北地区首先取得的一个胜利。

为了实现西北联合抗日，中国共产党还注意开展对其他地方实力派的工作。1936 年 6 月，中共中央派邓发赴新疆联络新疆督办盛世才，初步沟通了中共中央与盛世才的联系。中共中央还派员开展对驻守陕北的国民党军第八十四师师长高桂滋的工作，高表示赞成中共关于建立国防政府与抗日联军的提议。毛泽东、周恩来、彭德怀写信赞扬高桂滋的爱国热情，同时提出了作为双方谈判的八项要求。9 月 22 日，中共中央派彭雪枫为特使，携带毛泽东给国民党甘肃省政府主席、东北军第五十一军军长于学忠的亲笔信，赴兰州联络，向于学忠表示双方立即停战、联合抗日救国的愿望。1936 年夏，彭德怀率领红军西征时，坚决执行统一战线方针，不仅派朱瑞与东北军骑兵第六师达成互不侵犯协议，而且发布了给宁夏当局马鸿逵、马鸿宾停止内战、共同抗日的提议书。为团结回族人民抗日，中华苏维埃共和国中央政府发表了《对回族人民的宣言》。为呼吁哥老会与红军共赴国难，中共中央发出《中央关于争取哥老会的指示》，中华苏维埃共和国中央政府也发表了《对哥老会宣言》。

到 1936 年冬，西北抗日民族统一战线进一步扩大，西北大联合的局面初步形成。这对国内政治局势产生很大的影响，从而推动了全国抗日民族统一战线的建立。

西安事变后，在中国革命进程和国共两党关系即将发生重大变化的转折关头，在全国性抗日战争即将爆发的前夜，为了使全党明确认识当前的形势、任务以及党的政策、策略，做好迎接重大转变的思想准备，中共中央于 1937 年 5 月至 6 月，先后在延安召开了两个重要会议，即中国共产党全国代表会议（当时称苏区代表会议）和中国共产党白区工作会议。

1937 年 5 月 2 日至 14 日，中国共产党全国代表会议在延安召开，出席会议的有来自根据地、国民党统治区和红军中党组织的正式代表 218 人，列席 64 人。张闻天致开幕词，毛泽东作《目前政治形势与党的任务》的报告和《为争取千百万群众进入抗日民族统一战线而斗争》的结论，博古作《组织问题》的报告，刘少奇、朱德等作专题发言。

毛泽东在会上分析了自九一八事变特别是 1935 年华北事变以来国际关系和国内阶级关系的新变化，以及中日民族矛盾上升为主要矛盾，国民党的政策由内战、独裁和对日不抵抗开始向和平、民主和抗日转变的总形势，提出了巩固和平、争取民主和早日实现对日抗战的三位一体的任务。

毛泽东在会上还总结了第一次国共合作的经验教训，阐明了在抗日民族统一战线中坚持无产阶级领导权的极端重要性。他指出："无产阶级怎样通过它的政党实现政治领导呢？第一，根据历史发展行程，提出基本的政治口号和为实现政治口号的动员口号，作为全国人民一致行动的具体目标；第二，无产阶级及其政党发挥无限的积极性，成为实现政治口号所提出的任务的模范；第三，在不失掉确定的政治目标的原则上，建立、巩固和发展与同盟者的关系；第四，共产党队伍的发展，思想的统一性，纪律的严格性。"①

① 中共中央文献研究室编《毛泽东年谱（1893—1949）》（修订本）上卷，中央文献出版社，2013，第 675 页。

毛泽东在会上指出，在党内，必须继续反对关门主义、冒险主义，要争取更多的群众，建立最广泛的抗日民族统一战线。同时，也要警惕右倾错误在新的形势下复活，以免使革命事业遭到失败。

为了顺利地贯彻执行党的政治路线，毛泽东在结论中系统地论述了干部问题、党内民主问题和全党团结问题。

关于干部问题，他指出："指导伟大的革命，要有伟大的党，要有许多最好的干部。……要自觉地造就成万数的干部，要有几百个最好的群众领袖。这些干部和领袖懂得马克思列宁主义，有政治远见，有工作能力，富于牺牲精神，能独立解决问题，在困难中不动摇，忠心耿耿地为民族、为阶级、为党而工作。"他要求党的干部"不要自私自利，不要个人英雄主义和风头主义，不要懒惰和消极性，不要自高自大的宗派主义"，而应当"是大公无私的民族的阶级的英雄"。他指出："这就是共产党员、党的干部、党的领袖应该有的性格和作风。"[①]

关于党内民主和维护党的团结问题，他提出要"依靠实行党的民主集中制去发动全党的积极性"，强调"在新时期，集中制应该密切联系于民主制。用民主制的实行，发挥全党的积极性。用发挥全党的积极性，

① 毛泽东：《为争取千百万群众进入抗日民族统一战线而斗争》（1937年5月8日），载《毛泽东选集》第1卷，人民出版社，1991，第277页。

锻炼出大批的干部，肃清宗派观念的残余，团结全党像钢铁一样。”[①]

这次会议通过了毛泽东的报告，批准了从遵义会议以来中央的政治路线，为迎接全国抗日战争的到来，在政治上、组织上作了重要的准备。

① 毛泽东：《为争取千百万群众进入抗日民族统一战线而斗争》（1937年5月8日），载《毛泽东选集》第1卷，人民出版社，1991，第278页。

开创新局的伟大远征启示我们：一个党要立于不败之地，必须立于时代潮头，紧扣新的历史特点，科学谋划全局，牢牢把握战略主动，坚定不移实现我们的战略目标，从而开创新的局面。在新的长征路上，我们要立足世情国情党情，统筹国内国际两个大局，统筹党和国家事业发展全局，统筹推进“五位一体”总体布局、协调推进“四个全面”战略布局，抓住战略重点，实现关键突破，赢得战略主动，防范系统性风险，避免颠覆性危机，维护好发展全局；必须解放思想、实事求是、与时俱进，坚定不移推进理论创新、实践创新、制度创新以及其他各方面创新，让党和国家事业始终充满创造活力、不断打开创新局面。

结语

弘扬伟大长征精神，走好今天的长征路

长征前夕，中国共产党和红军到了危急关头，中国革命到了危急关头，中华民族到了危急关头。面对生死存亡的严峻考验，中国共产党领导红军，以非凡的智慧和大无畏的英雄气概，战胜千难万险，付出巨大牺牲，胜利完成震撼世界、彪炳史册的长征。

红军长征是历史记录上的第一次，是战争史上的一个奇迹。长征途中，面对敌人的重重封锁和围追堵截，队伍牺牲很大，革命前途难以预料，历史转折包含无数种可能。历经无数艰难曲折，各路红军终于先后到达陕甘地区，红军三大主力会师，红军长征胜利结束。“红军不怕远征难，万水千山只等闲。五岭逶迤腾细浪，乌蒙磅礴走泥丸。金沙水拍云崖暖，大渡桥横铁索寒。更喜岷山千里雪，三军过后尽开颜。”毛泽东的这首著名《七律·长征》诗，对中国工农红军的万里长征做了形象而生动的

概括。

“艰难困苦，玉汝于成。”在漫漫征途中，红军将士用顽强意志征服了人类生存极限，上演了世界军事史上威武雄壮的战争活剧，创造了气吞山河的人间奇迹。长征的英雄故事不仅传遍了中国，而且很快传到世界许多地方。在国际社会上，越来越多的人认为，红军长征是二十世纪最能影响世界前途的重要事件之一，是充满理想和献身精神、用意志和勇气谱写的人类史诗。长征迸发出的激荡人心的强大力量，跨越时空，跨越民族，是人类为追求真理和光明而不懈努力的伟大史诗。

长征永远在路上。一个不记得来路的民族，是没有出路的民族。历史是不断向前的，要达到理想的彼岸，就要沿着我们确定的道路不断前进。不论我们的事业发展到哪一步，不论我们取得了多大成就，我们都要大力弘扬长征精神，在新的长征路上继续奋勇前进。

一代人有一代人的长征，一代人有一代人的担当。今天，我们这一代人的长征，就是要实现“两个一百年”奋斗目标、实现中华民族伟大复兴的中国梦。习近平总书记指出，现在我们正走在开启建设社会主义现代化国家的新征程上，我们要继往开来，重整行装再出发！

实现伟大的理想，没有平坦的大道可走。新的长征路还有许多“雪山”“草地”需要跨越，还有许多“娄山关”“腊子口”需要征服，摆在我们面前的使命更光荣、任务更艰巨、挑战更严峻、工作更伟大。共产党人的长征永远在路上。

站在民族复兴的时间坐标上眺望远方，习近平总书记指出，我们的党、我们的事业历经各种坎坷挫折，但愈挫愈奋、愈战愈勇。我们现在一定要有信心，继续沿着革命先辈们开辟的道路走下去，发展壮大自己。只要坚定不移、一以贯之，我们就一定能够取得新长征的胜利，就一定能够实现中华民族伟大复兴的中国梦！

蓝图已绘就，奋进正当时。我们要大力弘扬伟大长征精神，不忘初心，不惧困难，一百年、三百年、五百年……永远奋斗下去，继续把革命前辈开创的伟大事业推向前进，在新时代的长征路上续写新的篇章、创造新的辉煌！

后记

中国共产党的历史是中国近现代史中最为可歌可泣的篇章。一百年来，中国共产党始终团结带领全国各族人民奋勇向前，矢志践行初心使命，筚路蓝缕奠基立业，创造辉煌开辟未来，开辟了伟大道路，建立了伟大功业，铸就了伟大精神，积累了宝贵经验，创造了中华民族发展史、人类社会进步史上令人刮目相看的奇迹。

精神，是国之根本、民族脊梁，对共产党人最富磁力。在一百年的非凡奋斗历程中，一代又一代中国共产党人顽强拼搏、不懈奋斗，用鲜血和生命铸就了一个又一个伟大的精神，构筑起了中国共产党人的精神谱系。习近平总书记指出，井冈山精神和苏区精神，承载着中国共产党人的初心和使命，铸就了中国共产党的伟大革命精神。这些伟大革命精神跨越时空、永不过时，是砥砺我们不忘初心、牢记使命的不竭精神动力。江西红土地渗透鲜血、埋着英魂，充满着红色记忆。江西人民义无反顾，不畏艰险、不怕牺牲，紧紧跟着共产党，孕育形成井冈山精神、苏区精神、长征精神，以及安源精神、八一精神、方志敏精神等伟大革命精神。这些伟大革命精神浸润心灵融入血脉，汇聚为传之不竭的红色基因，成为江西人民的自豪，成为中国共产党人最宝贵的精神财富之一。中华人民共和国成立后，江西人民保持质朴的革命本色，接续书写了血防精神、江西共大精神、九八抗洪精神、老区精神、甘祖昌精神等；邓小平同志下放江西劳动，小平小道成为他深入群众、探索发展新路的重要标志。

为贯彻落实习近平总书记视察江西重要讲话精神，教育广大党员干部深入学习领会井冈山精神、苏区精神、长征精神等伟大革命精神，深刻领会红色政权来之不易，新中国来之不易，中国特色社会主义来之不易，在庆祝中国共产党成立100周年之际，经省委批准，省委宣传部、省委党史研究室联合组织编撰出版一套研究阐释红土地革命精神丛书——《永恒的力量》。首批推出反映井冈山精神、苏区精神和长征精神的三本图书。

省委常委、宣传部部长施小琳高度重视，亲自批示并给予指导；省委宣传部郭建晖、吴永明，省委党史研究室俞银先、刘津具体负责；熊空军、吴自锋、梁发明等全力推进相关工作。张泰城、何友良对此书的编撰给予了具体指导；何友良撰写丛书前言；

肖发生、黎志辉、陈安分别负责《井冈山精神》《苏区精神》《长征精神》的具体撰稿工作。汪维国、廖晓勇、游道勤、刘志飞、张芙蓉等人审读了书稿或参与了相关工作；同时本书还参考吸收了众多党史编研成果，限于篇幅体例未能一一标注，在此特作说明并致以谢意！

翰墨难写是精神！我们党之所以历经百年而风华正茂、饱经磨难而生生不息，正是凭着一股革命加拼命的强大精神力量。要把这些历久弥新的伟大革命精神准确记录好、研究好、宣传好、弘扬好，殊为不易。在编撰过程中，我们着力创新，既讲历史更重视提炼，虽精心编撰，数易其稿，但囿于学识和能力不足，不当之处在所难免，敬请广大读者批评指正！

作 者

2021 年 6 月